常識を覆す
IAメソッド
英語速習法

英語を話す人になる!

川村悦郎
Etsuro
Kawamura

This is a penは、
魔法だった

叙述モードで突破しよう!

ヒカルランド

まえがき

言葉からの乖離が始まっていた

　いったい、誰が今、世界を破壊しているのか？　誰が世界に火種を植えつけ、それを暴発させているのか。誰が永年の秩序を壊し、文化を乱し、人間の倫理を愚弄しているのか。誰が人々を利に惑わし、人々から一切を奪い、人々を群れに追いこんでいるのか。誰がこの地球を破壊する装置をつくりつづけ、その支配権を握ろうとしているのか。誰が人間を野獣におとしめ、人に虫を食わしめ、人を人でなくしようとしているのか。何が人を狂わせ、何が人と人を憎しみあわせ、殺しあわせているのか。人はなぜやすやすと狂うのか。人はなぜやすやすと自己を捨て、人間を捨てるのか。人間は、なぜ自己の指針を見いだせないのか。人間は、なぜ人類史が戯画に近いものだと見抜けないのか。

　このつぶやきに、すなおに共鳴してくれる人と、何を言っているんだといぶかしさを覚える人に分かれるはずです。それは仕方のないことです。しかしどちらにしても、これらの疑問のただなかに、今、わたしたちが生きていることは事実です。そしてこれらの疑問のいずれかを真剣に考えつづけなければ、この檻からは抜け出せないでしょう。そして、必死に考えつづけ、必死に謎を解き、必死に活路を探しつづけたあとは、人は人と言葉で話しあわなければ、その檻から出たあとも、生きてはゆけないでしょう。人は一人で生きてゆくことはできないからです。

　人は、言葉をもつ高等動物です。言葉は、話すための道具です。人間は話すための道具として言葉を使いこなし、ここまで進化してきました。人間の思慮と知恵は話す言葉からにじみだし、蓄積されてきたのです。人は話す行為をとおして他を理解し、関係を深め、自己を内省してきました。その営為を途中で放棄したときに争いが起こり、戦争に身をまかせます。戦争は、国際法上は、

国家間の紛争を解決する手段の一つとして正当に位置づけられています。戦争は悪ではないのです。だからこそ「戦時国際法規」があります。このジョークのような国際法の常識が人間の限界を露呈しています。人間はあまり頭のよい生き物ではありません。

でも、笑い飛ばすことはできません。なぜなら、それがわたしたちすべてを包む現実だからであり、その結果は人間自身がこうむるしかないからです。どんなに現実がネガティブでも、この現実から逃れることはできません。

わたしたちは、よくよく、言葉の意味を考えてみるべきです。

人間は、なぜ言葉を進化させ、なぜ言葉をもっているのか、それを考え直してみるべきです。そして、言葉とどう向きあい、言葉をどう使うべきかを考えてみるべきです。

たわいない問いを発しているのではありません。

わたしたち人間は今、言葉と自己の深刻な乖離に直面しています。人類が文字を発明し、書かれた言葉をもったときから、この乖離は始まりました。しかし、それでも、書かれた文字には書いた者の名や署名が添えられ、その文字を連ねた者と文字とが一体であることに意を注いできました。その意味で、書かれた言葉にも一定の主体性が担保されてきました。

しかし、ChatGPT なる詐術が登場し、今後の人類は新たな言葉の危険に直面することになります。この詐術が横行すると、言葉と、その言葉をアウトプットした主体との関係が消えます。そして、言葉が幽霊になりますが、人々はこの危険性にまだ気づいていないようです。ChatGPT で言葉を紡ぐのは人間ではなく機械ですから、その紡ぎだされた言葉の責任を機械は負いません。つまり、ChatGPT から吐きだされた言葉に踊らされた人間は、みな崖からなだれ落ちてゆきます。誰も助けませんし、誰も助けられません。愚者と賢者が明

瞭に分かれはじめます。陰で笑う人間がいるのは言うまでもありません。その危険を数々考察するのがここでのテーマではありません。もっと深刻な危険があるのです。

　それは、言葉と、その言葉を発する本人の関係を考えることで気づけます。言葉が、人の口から発せられているかぎり、発せられた言葉と発した人間は一体であり、両者の関係は崩れません。疑念の入りこむ余地がないのです。なぜなら、言葉はそれが発せられると同時に生理的な反動をその人間にもたらすからです。怒りの言葉を発したら、その人間は怒りに包まれます。愛の言葉を発したら、その人間は真っ先に愛に包まれます。醒めた言葉を発しつづけると、その人間は無感動な人間に変貌してゆきます。このように、「話す言葉」はそれを発する人間と生体上一体であり、その一体性は人間の身体システム全体で貫徹されています。これは生命進化のプロセスから帰結した動かぬ現実です。ですから、「話す言葉」は嘘をつきません。「ウソ発見器」が有効な理由はここにあります。

　人間は何十万年、いえ、200万年近く、口から発する言葉を使って自分の情緒を整えつつ、知恵をも発達させてきました。「話す言葉」、「話される言葉」は、わたしたちが思っている以上に自己と一体です。「話す言葉」は人類の根底的な能力です。

目で読む言葉と、話す言葉

　目で読む言葉は、読む人間と身体の生理を乖離させます。目で読む言葉は思考を精緻（せいち）に動かしはじめますが、身体生理への反動を大きく低めます。その意味で、読む言葉は人間の生存への駆動力を大きく減じさせます。そのぶん、人間の思考力は深化し拡大するのですが、文字の出現後、言葉が「話す言葉」と「読む言葉」に分化したことによって、人間の言語能力が二方面に分かれたことは事実です。そして、言うまでもなく、どちらも大切です。

　ただ、一点、意識しておかなければならないことは、人間にとっての「話す言葉」の歴史は200万年にも及ぶという事実です（ダニエル・L・エヴェレット著『言語の起源』参照）。しかし、文字の発明から始まった「読む言葉」の歴史はほんの1万年にすぎません。しかも、普通の人間が文字を読むようになったのはここ200年程度のことです。読む言葉は、原始以来の話し言葉の上にチョコンと乗る華奢（きゃしゃ）な存在にすぎないのです。

　この厳然たる事実を多くの日本人は忘れています。
　読むことの上に話す力は築けません。

　外国語を身につけるときは、人が母語を獲得するときのように、話す力を最初に築くべきなのです。英語を話す力は、読む努力をいくら続けても実りません。この大原則をふまえるとき、わたしたち日本人は、英語と向きあってきた明治以来の方法に疑いの目を向けずにはいられなくなります。

今の時代はどんな時代？

　論じたいのは、我々日本人が、「話す英語」にどう向きあうべきかという問題です。そうです、本シリーズ全体に関するテーマです。日本人が明治維新以来、ひたすら英語を読んで学んできたことは順序が転倒しています。手順が逆なのです。それは歴然としていますが、この結論に帰着する前に、一点、自覚しておくべきことがあるのです。それは、今の時代をどう理解するかという時代認識の問題です。ここをきちんとふまえないと、転倒した認識を正しく戻す力は生まれてこないと思われます。

　世界では、今、様々なレベルで国境が消えつづけています。世界各国で難民や移民が巨大な群れと化しています。地球規模でそれは起こっています。国境は意図的に破壊されてもいます。しかし物理的な国境だけでなく、情報が行き

交う次元でも国境は消えています。手紙は、キーボードのキーを叩くだけでどこの国へも飛んでいきますし、宇宙空間の偵察衛星は国境をあざ笑っています。どこの国の路上の構造物でも、15センチもあればリアルに映像化されます。個人が持ち歩くスマホだって、どこにいても、たとえスイッチを切っていても盗聴されうる厄介なツールです。コンピューターのなかはつねに海外からのぞかれています。

　ですから、ある意味、地球はすでに一つの村です。ということは、世界中の人間関係は村人同士の関係に近くなっています。人の秘密や、人と人の関係はどのようにでも探知でき、分析できる情報単位と化しています。個はすでに器物のデータのように扱われています。当然、隠せることなどなくなっています。ですから、それを熟知していたイスラム・テロリスト集団のハマスは、一切携帯電話もコンピューターも使わずに、網の目のように張り巡らされたガザ地区の地下網を使って、作戦は口頭で伝達しあっていました。ですから、イスラエルはまんまと裏をかかれ、泡を食わされたのです。しかもハマスの幹部は現地にはいません。みなカタールの５つ星ホテルにいるそうです。しかも資金は無尽蔵で6000億円だそうです。世界中から集まるパレスチナ難民への支援金は彼らに流れ込むようになっているそうです。泣いているのは現地の庶民だけ。国際政治、とりわけ戦争は、二重三重どころではなく、四重五重のだましの手口で実行されます。しかも、重大なことほど直接の言葉で語られ、練られ、決定され、遠隔操作されます。世界の裏側は、つねに話す言葉で動いています。日本人はこの事実を忘れています。

　世界を知るために、世界にコミットするために、「英語を読む」というのは腰が引けすぎています。それは勇気のない証拠。あるべき姿から、三歩も四歩も後退しています。

話す英語の真価とは

　英語はすでに世界の共通言語です。英語が握る利権と支配力はこれからも延々と続きます。なぜなら、英語は世界で一番進化した言語だからです（本シリーズ第2巻参照）。英語を読んでいれば世界がわかると思うのは錯覚です。英語を読んで世界に参入できると思うのはもっと大きな錯覚です。英語を読んでいても世界の密約の場には入っていけません。「英語は話せてナンボ」。いえ、「言葉は話せてナンボ」なのです。

　ですから、読むことだけを競わせている日本の英語教育は錯覚の産物です。きつい言葉を使うなら、いえ──、やめておきます。少なくとも成算のない袋小路に入っているとだけは言っておきましょう。日本の英語教育は明治以来、目標の設定を誤ってきました。お遊びの方向で国民の資質をもてあそびつづけてきました。個はすでに怒りを覚えています。この現実に目覚めないかぎり、この先は亡国でしょう。

　今のままの「読む英語教育」の延長線上に日本の明日はありません。

　英語は、話せなければ生きる武器になりません。国境が消え、人が激しく行き交うようになり、国力が弱まっている今、日本に生まれ、日本に育った日本人が、外から入ってくる外国人に疎外されてゆく危険な下地がどんどんできつつあります。自国に生まれ住み、母語を話しているだけでは資産も権利も守れない現実が加速しているのです。日本国内に増えつつある異質のコロニーはがん細胞のように増殖しつつあります。そのとき折りあいをつけられる方法は媒介言語の「話す英語」しかないのです。しかし、日本国民はまだそこに気づいていません。世界史を振り返るなら、侵入者がつねに勝ちます。日本人が、読む英語に寝ぼけている現実はあまりに危険です。では、どうすればいいのでしょう？

日本国民は、日本語だけでなく、英語もしゃべれる国民になるしかありません。日本語の他に、英語も話せる国民になるべきです。英語が話せるようになると、思考パターンと行動パターンがアグレッシブになります。「話す英語」は主体的な行動を誘発する力を秘めているからです（本シリーズ第1巻参照）。**日本人は早急に［日／英］バイリンガル国民に変わるべきです**。そうなって、失うものは一切ありません。逆に、失うことがなくなり、得るものが増えるのです。躊躇はいらないのです。

　努力が大変だと、悲観することもありません。Solution はすでにあります。第1巻から始まり、この第5巻で完結するこの『英語を話す人になる！』シリーズがそのソリューション、つまり解決法です。日本には、まだ、日本人に英語を話させるメソッドはないはずです。

　国を憂うる気持ちがあって、自分を守る意志があるならば、話す言葉として英語に取り組んでください。とくに、若者に英語を教えている先生たちは、「話す言葉」として英語を意識しなおし、教え子たちを啓発してください。そうすれば、「読む英語」などはなんの苦もなく修得できるようになります。

　「話す道具」としての英語の秘策を本書で紹介します。

　その秘策は、日常会話が目標ではありません。大人が大人の英語を話すための秘策です。政治でも、経済でも、科学技術でも、そして思想や芸術でも、なんでも OK です。日本国民が国際舞台で沈黙の国民からもの言う国民に生まれ変わるための秘策です。日本人の平和を好む精神は、今こそ、世界に向けて「話す英語」でじかに発信されなければなりません。

　覚醒は、いきなり種全体では起こりません。必ず種のなかの個に起こります。これは生命進化の原理です。ですから、まず、この本、このシリーズを読んでくださる一人ひとりの読者から覚醒すればいいのです。日本民族と人類の進化はそれを自覚する個からしか起こらないのです。

C O N T E N T S
INDIVIDUAL ASCENDING METHOD

この英語は、生きるための提言です

「学校英語を超えるだけの英語」ではありません
まして、「文法マニアのための英語」ではありません

本書の英語は、この混迷の時代を生き抜くための武器です

今世界に広がる狂気は、2万年の時間オーダーで起こっている現実です
そこを見抜かなければ、この時代に生まれ合わせた意味がありません

今世界では、なぜ破壊、独占、非道が加速しているのでしょう?
2万年の歴史の果てで、なぜ分離が極限化しつつあるのでしょう?

その謎を解くカギは
個が全を凌駕するとき、その種は滅びる
という公理です

著者は国内外で長年日本語を教え、日本文化の本質を考え続け
西洋哲学に親しみ、インド哲学の内奥を探求し続け
寓意が織りなす文明史の迷妄を直視しつつ

独語、サンスクリット語、スペイン語、ラテン語を援用して
人類を牽引する英語の秘密を探り続けました

言葉の「話す力」こそが人間をつくってきたのです
「読む力」でなく、「話す力」こそが人類を先導してきたのです

ですから、日本民族がこの難局を乗り越えるには
日本語の対極にある「英語」の「話す力」をこそ獲得すべきなのです

人類は今、古い殻から脱皮しつつあります
今は進化の瞬間です!

ブックデザイン　吉原遠藤（デザイン軒）
カバー・本文イラスト　にら
校正　麦秋アートセンター
英文校正協力　モチヅキ吉田倫子

INDIVIDUAL
ASCENDING
METHOD

序章

話す英語 ≠ 読む英語

Point 英文法は刑法ではない

インターネットが起こした変化

　マニラ時代のエピソードを紹介します。マニラ市にあるサント・トマス大学の大学院で日本語を教えていたときの話です。授業で教えながらつくりあげた独自の日本語教授法を、マニラ首都圏に多数進出してきていた日系企業に紹介したときのエピソードです。日本の一流企業の現地法人の社長さんたちを集め、講演会を開いたのです。だいたい100人ほど集まりました。

　どうしてそんなに集まったのかというと、当時は Windows 95 が発売されて間もない頃で、日本企業の業務形態が急激に変わりはじめていたからです。日本国内はすでにバブル経済が弾けていて、とりわけゼネコンと呼ばれた大手建設業界は不況のどん底にありました。そんな状況にピタリとタイミングが合うようにして Windows 95 が普及しはじめていたのです。日本経済にとってはそれが救いの神となりました。日本国内の仕事を海外に流すと人件費を大幅に削減できたのです。インターネットを使えば日本国内の仕事を簡単に海外に流せました。想像を超えるコスト削減が可能になったのです。

　当時、日本国内で一人分のコストを海外に投じると、だいたい４倍のパフォーマンスを見込めました。たとえば、日本人一人に図面を描かせて月100万円かかったとします。その100万円をフィリピンで使うとフィリピン人エンジニアを４人雇え、図面も４倍の枚数が描きあがりました。描きあがった図面はネットで日本に送ればいいだけです。そういう時代がインターネットの出現で始まっていました。

　日本国内の大手ゼネコンや設計会社は競うようにしてフィリピンに現地法人を設立しました。日本人は英語ができないとはいえ、海外赴任の対象になるくらいの人なら、なんとか英語はこなせます。ボクがフィリピンへ渡り、現地の大学で日本語を教えはじめていた頃のマニラ首都圏には、そういうアウトソーシングに特化した日本の大手企業が多数存在していたのです。製造業も例外ではありませんでしたから、日本経済の空洞化は避けようもなかったと言っていいでしょう。

　ただし、各企業の現場では厄介な問題に直面していました。日本側と海外側とのコミュニケーションが英語では実現しなかったのです。簡単にいえば、日本人の英語力では仕事が回らなかったのです。それで、どの企業でも、日本人の英語を伸ばすことは断念し、フィリピン人従業員の日本語力を伸ばすことに例外なくシフトしていました。情けない話ですが、それが現実でした。

　とはいえ、現地の日本人が企業内で日本語を教えようとしても、それはしょせん素人仕事ですから、うまくいきません。おまけに図面を描かせるための大切な就労時間が日本語学習に取られますから、当時のマニラの日系企業はジレンマに直面していました。そんなときです、ボクがサント・トマス大学で革命的な日本語教授法をつくりあげたのは。

　ボクの日本語教授法は、英語を話す外国人のみを対象にしたメソッドでしたから、英語国民のフィリピン人は最良の Beneficiary ＝受益者でした。しかも、読めるようになる前に、60時間程度でいきなり初心者をペラペラ話させてしまうのですから、日系企業にとっては驚異のようなメソッドでした。読み書きだってさらに60時間で教えこみましたので、参集者たちは全員度肝を抜かれました。

愕然（がくぜん）とした事実

　問題はここからです。そのときの講演会は、ボクの友人が主催してくれて、スピーチの内容をテープに録音してくれていたのです。あとで講演内容を活字にするためでした。日本人を対象にした日本語の講演会でしたから、当然、ボクは日本語で話をしました。そのテープ起こしされた原稿が、後日、ボクに届けられたのです。そしてとんでもない発見をしたのです。

　ボクは2週間前のスピーチに目を落としていました。間違いなく、自分がしゃべった内容でした。そして、その文字を目で追いながら、次第に、「嘘だろう！」、「これがオレの日本語か？」と、予想もしない驚きに襲われてゆきました。ちょうど、自分の顔を鏡のなかに初めて見たときのような驚きでした。

　ボクは日本にいたとき、長いあいだ、予備校で古文を教えていました。教室内の生徒は100人か200人。多いときには300人というクラスもありました。当然、マイクを使って授業をします。バブルが弾ける前はそういう時代でした。ですから、多くの人に向かって話すことには慣れていました。生徒たちの心をつかむツボも心得ていました。

　事実、マニラのその講演会は大成功でした。

　ところが、そのテープ起こしを読み終わり、ボクは、完全に自分の日本語に自信を失っていました。「なんだ、これは？！」が、現実の感想でした。

　日本語が乱れに乱れていたのです。文頭と文末がチグハグだったり、無数の挿入節が割りこんで、文意も脈絡も消えていたり、飛んでいたり、さらには全体の論旨展開が行きあたりばったりで、何より反復があまりにも多かったのです。同じことを何度も何度もくり返していました。自分でも、「馬鹿じゃないか？」と思ったほどです。

　ボクは完全に落ちこんでいました。すぐに赤ペンを入れて、文章を修正する気にはなれませんでした。どうしてこうなるのかと考えつづけました。どのくらい考えていたか覚えていません。しかし、真剣に考え、そして、わかりました。

「話す言葉」と「書く言葉」は別だった。

　書くように話せる人間など、いないのです。それに気づきました。その講演会では、社長さんたちはみな首を縦に振り、うなずきながら聞いてくれました。話の内容への賛同は彼らの目や表情からも明らかでした。つまり、ボクの話には満足してくれていたのです。しかし、そうして受け入れてもらえたボクの日本語は、文字にされてみてみると、とうてい受け入れがたい日本語だったのです。

　目で読むかぎり、ボクの話した日本語は乱脈な日本語でした。しかし、それは、話す現場では活き活きした日本語だったのです。つまり、「話す日本語」とはそういうものであり、「書かれた日本語」とは別ものだったのです。そのとき、初めてそれに気づきました。

　この大発見は、英語にもつながるはずのものでした。

話す英語はアバウトだった！

　ボクはすぐにフィリピンのロータリークラブの仲間たちが話す英語に注意を向けはじめました。フィリピン人たちが話す英語を耳で分析しはじめたのです。彼らはみな大学を出た会社の経営者や、弁護士や、公認会計士たちで、現地の知的エリートです。しかし、なんと、彼らの話していた英語は、注意深く聞くと、ボクが講演会で話していた日本語のような乱脈な英語でした。彼らは誰一人として、書かれた英語のように英語を話していませんでした。彼らの「話す英語」は緊張感のない、「乱脈な英語」でした。文字にしたら、ボクの講演内

容となんら変わらない英語だったのです。

　英語とて、やはり、「話す英語」と「書く英語」は違いました。 これは、とてつもなく大きな発見でした。受益者の第一号はボク自身でした。英語を正しく話すことへの恐怖感が消えたからです。フィリピン人だってデタラメな英語を話しているんだから、話す英語なんてそれでいい。それがわかったのです。ここを透視できている日本人は少ないはずです。

話す英語 ≠ 読む英語

　これほどの啓示があるでしょうか。お盆の形をした地球の果てが大きな滝になっていて、海の水はどこかへ落ちつづけていると思っていた中世の人間が、地球は丸いと気づいたときほどの大覚醒です。

　日本人のほとんどが、英語は、「書かれた英語」のように話さなければならないと錯覚しているはずです。誰もがそのような強迫観念にとらわれているはずです。文法を間違えることに、死刑に値するほどの恐怖心を抱いているはずです。間違いなく、日本人の潜在意識のなかにはそういう錯覚がいすわっているはずです。しかし、違うのです。あまりにも無意味な錯覚や強迫観念に我々は囚われすぎています。海外で、自分の体験からそれに気づきました。

　英語を話すときは、間違えていいのです。言い間違えるのが普通です。それが話し言葉であり、話す英語です。この現実を知らないからおびえるのです。そもそも、話す言葉は話すシリから消えてゆきます。間違いを気にする必要はどこにもありません。

　「No〜, no〜, I mean to say 〜.（いや、いや、あのネェ〜）」とやればいいだけのハナシです。この自覚が、流暢な英語話者への第一歩になります。

英文法は刑法ではない！

　日本へ戻り、日本国内で日本人がどういう感覚で英語に向きあい、どういう感覚で英語を学んでいるかにあらためて触れることになりました。

　レベルの高い英文法書を読み直していて感じることです。ボクはすでに年配者ですが、ボクよりさらに上の年代の、まさに日本の英語の権威たちが書いた文法書を読んでいて感じるのです。そこからにおいたつ英語のイメージは、日本中を包み、日本中の英語を学ぶ人々や、さらには無数の英語教師たちをも、目に見えないヴェールで包みこんでいます。そのヴェールは目に見えませんから、抵抗できませんし、手で払うこともできません。しかも絶対に抵抗できない権威に満ちていますので、抗弁も、反論もできません。素直に従うしかない英語観がそこにあります。

　日本では、津々浦々、英文法が刑法と錯覚されているようです。しかし、英文法は法律ではないし、まして刑法でもありません。なのに、日本人は「英文法」という言葉におびえすぎています。

　とりわけ高校生が大学受験で学んでいる英文法の考え方や世界観は、日本の権威ある文法学者たちの世界観からにじみだしてきたものですから、細部にたてつくことなど不可能です。巷の文法マニアックたちも、誰もはむかっているようには見えません。そもそも、大先生たちの研究そのものは、頭の下がるものばかりです。教えてもらうことだらけです。はっきりいって、感動しつつ、いえ敬意を払いつつ自分の知識を補強し直すのになくてはならない存在です。その意味で、ボクは謙虚な人間のつもりです。

　しかし、しかしです。何かが違う。何か違和感があるのです。日本人が英語を理解するとき、文法を無視して英語を正しく知ることはできません。それは認めます。しかし、日本の英文法の研究というのは、どうも、土器の破片を拾い集め、それを比較し、分類している考古学の手法と違わないような気がして

ならないのです。大先生たちは、膨大なイギリスの英語文献から、自分がまとめようとする視点から短文を拾い集め、分析し、分類し、抽象的な統一概念を利用しながら、その概念に合わせて収集した例文を並べなおし、一つの文法秩序を描きだそうとします。

　その結果、同じカテゴリーでくくられた文例には共通項が浮きあがり、その抽象的な規則や傾向が動かぬ文法になります。それを何層にもわたる階層構造で並べおわると、壮大な文法世界が現出します。まして英語は印欧語の一つですから、ラテン語や古典ギリシア語にその淵源をさかのぼりつつそれをやると、圧倒的な世界観があぶりだされます。感動で言葉すら失います。学問の奥深さ、学問の偉大さを痛感するしかありません。そこまでのパースペクティブを提示しながら英文法を論じられると、英文法を間違えるのは刑法を犯すに等しいほどのこととおびえ、錯覚するのです。

　でも、文法って、そういうものでしょうか？　文法とは、話し方のパターンにすぎないのではないでしょうか？　英文法とて例外ではないはずです。

　書かれた言葉と、話す言葉は乖離します。ですから、書かれた英語と話す英語も乖離します。それはすでに確認しました。とするならば、「英文法」という言葉に向きあうときも、同じ注意力が要求されるはずです。英語を話そうとするとき、「この文型では、この品詞はここに置けない」とか、「この動詞はこのグループに属さない」とかよく言われますが、それは長い時間を経てそういう傾向に帰結しただけのこと。それらは「法律」のように定められたものではなく、そう言わないと不自然だという印象や結果にすぎないはずです。不自然でもいいという人がいるなら、それはその人次第。多少変でも、意味はだいたい通じます。しかし日本人はなぜか、刑法に対するのと同じくらいの恐怖で「英文法」を意識します。

　しかし、すでに述べたように、言葉は言い間違えて当たり前なのです。間違えても言いなおせばいいだけのこと。そもそも、間違えた言葉はすぐに消えま

PAGE / 020

す。間違えても逮捕されません。罰金も科されません。何を恐れることがあるのでしょう？ **英文法は刑法でも、法律でもないのです。**

　日本中が「英文法」の催眠術にかかっています。

　英文法への日本人の過剰な畏怖や意識は英語を話せない心理の裏返し、そこからくる代償心理のように思われます。その証拠に、マニラのスラムの住人は英文法など何も知りませんが、ほとんどがスラスラ、ペラペラ英語を話します。そして何の屈託もありません。言葉の原点はそこにあります。本書の「まえがき」で延々と論じたことを思い出してください。言葉は、話すための道具です。すでに話せる人間は、文法に何ほどのこだわりもありません。そもそも、日本人は日本語文法を恐れているでしょうか？　どこにそんな日本人がいるでしょう。

　言葉が話されるときの、話し方の自然なパターンが文法です。そして、その話し言葉の一部が書き言葉になって、綺麗にお化粧した姿が文法です。しかも、お化粧は、虚栄や虚飾の世界でするものです。素顔を隠すためです。

　日本には、英文法マニアックがたくさんいます。しかし、彼らが世界に飛び出して、その英文法の知識を売りこんで生きていける余地など世界中のどこにもありません。なぜその程度のものを競いあうのでしょう？　話すことのほうが先ではありませんか？　話すことに役立たない文法の知識、英語を話せない日本人の文法知識、それにどれだけの価値と説得力があるでしょう？

　ボクはどうしても、このような違和感を感じてしまうのです。

※コンピューターでは、「違和感を感じる」と打ち込むとこのように下線が現れ、「違和を感じる」に直せと命じてきます。しかし「違和感を感じる」は文法違反でしょうか？　必ず「違和を感じる」か「違和感がある」と言わなければならない拘束が働くべき事態なのでしょうか？　英文法に深入りすると、たとえばですが、この程度のことまで文法の範疇に取り込まれ、拘束されます。そこが錯覚に落ち込む際（きわ）にあたります。

だったら、どうするの？

　ここまでは結構シリアスな筆致で書いてきました。真剣に読んでくれたはずです。しかし、ここから先はスタイルをガラッと変えます。ユーモアを交えながら、軽い感じで書いてゆきます。なぜなら、面倒な文法を厳密な言葉で書き進めると、誰でも読むのが嫌になるからです。「読み物」をめざす本書にとって、それは最悪の結果になるからです。筆致の変更は本シリーズの常套手段です。

　さあ〜、だから、「だったら、どうする？」という問題ですよね？　しかもそれは、「話す英語」をどうするのという問題ですよね。

　簡単です！　逆に、逆にと、行けばいい。これまで学んできた英語の学び方とは逆の方向に、どんどん進めばいいのです。それは重い英語から、軽い英語への道になります。簡単にいえば、日本人の誰もがあがめる**5文型**の発想を、**2文型**に変えるのです。そして使う文型を **SVO** と **SVC** だけに絞りこむ。さらに **to 不定詞**を徹底的に使いこなす。そういう道です。しかも、**ボクの提唱する SVC は5文型の SVC とは全然違います**。be 動詞だけに絞りこんだSVC ですから、迷う余地などありません。一瞬どころか０.１秒で判断がつく。その SVC とは **This is a pen.** と同じこと。**[＿ is ＿] の構文のなかに to 不定詞をどんどん投入すればプロの英語になるんです！**　という主張が**本書の解決法**です。

　期待してください。

Point 2文型を主張する背景

5文型では話せない

　まず、日本人が全員高校で習う英語の「5文型」ってヤツの決定的な欠陥を指摘します。ただし、読む英語では、これは深刻な欠陥にはならない。ある程度役に立ってくれます。しかし、話す英語に取り組む場合には、この5文型ではどうにもならない。

　では、5文型の欠点ってなんだろう？

　まずは、5文型を確認しておく必要がある。5文型は日本人が英語を学ぶときのバイブルのような公式。その触れこみは、「英語のすべての文は5つの文型のどれかにあてはまる」というありがたい御託宣。それゆえ、日本中に今も信者がたくさんいる。

第1文型：**SV**　　　Vは**完全自動詞**　※Sは主語（<u>S</u>ubject）Vは動詞（<u>V</u>erb）

第2文型：**SVC**　　Vは**不完全自動詞**　※Cは補語（<u>C</u>omplement）

第3文型：**SVO**　　Vは**完全他動詞**　※Oは目的語（<u>O</u>bject）

第4文型：**SVOO**　Vは**授与動詞**

第5文型：**SVOC**　Vは**不完全他動詞**

　まず、たとえば、第1文型っていうのは、Birds **fly**.（鳥が飛ぶ）みたいな文章。主語と動詞だけでできている文のこと。この場合の fly はそれだけで文中に存在できる動詞。他の語に依存していない。だから自動詞と呼ばれる。つ

まり自立した動詞というわけ。考えてみたら、I **sleep**. とか I **swim**. とか、いろいろある。

　でも、Birds **fly**. なんて言わなきゃならない状況って、あると思う？　そんなこと言われなくたって、誰でも知ってる。普通は、Birds **fly** in the sky. とか、Birds **flew** elegantly. くらいにはなるでしょう？　第1文型なんて、「そもそも意識する必要あるの？」ってこと。つまり、英語を話すときには SV 程度の文型意識なんて意味をもたない。

　おまけに、Did you **eat** lunch?（お昼ご飯、食べた？）って聞かれた場合、I **ate**! と答えるのが普通。いちいち I **ate** lunch. なんて答えない。でもこの場合の I **ate**. は第1文型じゃない。第3文型になる。形のうえでは Birds **fly**. も I **ate**. も主語と動詞だけで成り立っているけど、動詞の分類が違う。多くの人は「どっちも同じ SV じゃん！」って言いたくなると思うけど、そういう抗議は許されない。eat は普通、「〜を食べる」というふうに目的語を取る動詞だから他動詞と呼ばれていて、自動詞とは別のグループ。この場合はその目的語が省略されているだけ。5文型では自動詞と他動詞は厳しく区別する。文法的な理解ではそのとおりなんだけど、そもそも英語を話すとき、「第1文型だろうか？　第3文型だろうか？」なんて疑問や意識自体が、実は意味をもたない。無駄な思考！　考えるだけ話す邪魔になる。つまり、[第1文型＝ SV] なんて文法概念自体が役に立たないし、いらない。会話において、出番自体がないんだ。これが現実。5文型は一歩目から無駄だった。

第2文型は問題だらけ！

　さあ、次が、第2文型＝ SVC。

　この SVC の代表が be 動詞を使った文。Maria **is** beautiful. とか Maria **is** a model. なんて文が第2文型になる。そんなこと多くの人が知っていると思うけど、「オレは知らんぞ！　全部忘れたぞ！」といって、威張って怒るオジ

サンが絶対にいるんだ。だから、きちんと説明したい。

Maria **is** a model.　　下線部は名詞で補語　　マリアはモデルです。
Maria **is** beautiful.　　下線部は形容詞で補語　　マリアは美しい。

　この下線部は、文法的に補語（**C**omplement）と呼ばれている。ボクは、第3巻の序章、「頭の中の構え方」のなかで、This is a pen./ Maria is beautiful. という2つの例文を出して、下線部の補語に関し、「これ以外の補語の使い方は、今は絶対に考えないでください ➡ これは、決定的に、大切な注意です。この一線を踏み越えると、とめどない地獄、つまり受験英語の底なし沼に足を踏み入れることになります」とまで言っていた。つまり、そう注意した時点では、第2文型のSVCは、be動詞を使った Maria is beautiful. と Maria is a model. という文しか想定されていなかった。でも、これは、実はIAメソッドが勝手に決めたSVCであって、普通の5文型の理解では、そうではない。普通に5文型を理解する場合には以下のような文もSVCのなかに入れる。

Maria **became** a model.　　下線部は名詞で補語　　マリアはモデルになった。
Maria **became** beautiful.　　下線部は形容詞で補語　　マリアは美しくなった。
I **got** sleepy.　　　　　　下線部は形容詞で補語　　僕は眠くなった。

　問題点1） この例文のbecomeもgetも不完全自動詞でSVCをつくる動詞とされている。だって、Maria became.と言われても、「何になったの？」って思うし、I got.と言っても、「何に？　何を？」という気がして、文自体が意味をなしていない。つまりbecomeもgetも文のなかで自立していない。動詞の後ろの言葉があって初めて意味を持つ動詞になる。だから不完全自動詞と呼ばれる。つまり、上記の3つの文はどれも「第2文型＝SVC」だ。「ヤベェ～！」って、気がしない？　するでしょう？　ここが第2文型の最大の問題点、話すときの最大の弱点になる。**第2文型にはbe動詞も普通の動詞も両方含まれていて、どこで第2文型と識別すればいいのか、とても不鮮明なんだ。**

おまけに、「オレもその become や get の仲間だぞ」、「オレたちだって不完全自動詞だぞッ〜！」って威張ってる動詞が他にもたくさんある。それを列挙すると以下のようになる。

> **不完全自動詞**
> be, continue, remain, stay
> become, get, come, fall, go, grow, turn
> feel, smell, sound, taste
> appear, look, seem

　これ、本当に「ヤバイ！」って思わない？　だって、これらの動詞がなぜ不完全自動詞としてこのグループに入っているのか個別に理解していなきゃ、これらの動詞を SVC で使える動詞にならないでしょう？　そして、そもそも、これらを全部覚えておかなきゃいけないし、他の動詞との違いもすぐ判断できるようにしておかなきゃいけないから、ヤバくない？　ボクは、自分では、ヤバイと思っている。

　問題点２）もっとヤバイことがある。それは、第４巻の「黄金のコラム−自動詞は半人前の兄ちゃんダ！」というタイトルで論じた自動詞と他動詞の見分け方が役に立たないこと。そのコラムで紹介したのは、たとえば、I **open** this book.（この本を開く）の open はもちろん他動詞。でも I **open** to the page 25.（25ページを開く）の open は自動詞で、どちらも語形自体は open で見分けがつかない。だけど大丈夫だよ、自動詞の場合には名詞の前に前置詞が置かれているからねと書いておいた。これはとても大切な自動詞と他動詞の識別法だけど、Oh, my God!　わかるでしょう？　Maria **became** a model. の became は自動詞だったけど、a model の前に前置詞ある？　ないでしょう？　じゃあ、どうやってそれが自動詞だって識別するのってことになる。ヤバすぎるんだよ、第２文型＝ SVC は。問題ありすぎ！

問題点3） おまけにだ、まだあるんだ。それは、補語＝Ｃの部分さ！　第２文型の補語は名詞か形容詞しかないと思っていたら大間違い！　それ以外にも、実は、いろいろな単語や品詞が SVC の補語になれるんだ。これは相当ややこしいよ。ほんの一例だけ出す。

This is **for you**.　　　　　　これは、君のです。
Maria remained **standing**.　　マリアは立っていた。

こういう太字の部分も補語なんだぜ。ヤバくない？　補語を「どうやって見分けんの？」って問題になるはずだ。しかも、５文型における補語のパターンはまだまだある！　てことは、「どうすんの？」って問題になる（５文型の補語＝Ｃのいろいろなパターンは第４章で詳しく列挙します）。

まとめ） 大きくまとめて話すと、こういうことなんだ。第２文型は問題だらけなのさ。こんなこと、いちいち意識しながら会話で第２文型を使いこなせると思いますか？　ボクは同時通訳みたいなこともやったことがあるからわかるんだけど、本格的な通訳をやってるときは、迷ってるヒマなんかない。日本の国会議員とフィリピンの大臣たちとの非公式会議を３日間にわたってボク一人で通訳した。日本側のために「日➡英」、フィリピン側のために「英➡日」の通訳を、息つく間もなく［日⇆英］の双方向でガンガンやったけど、本当に迷ってるヒマなんかなかった。何より重要だったのは即興の判断力と肚。肚がすわってなきゃプロレベルの通訳なんか絶対にできない。５文型がどうの、SVC の自動詞がどうの、補語がどうのなんて考えてるヒマなんかなかったっつ〜の！

しかも、ここまではたった SVC だけのハナシだよ。その他に、もう３つ、第３文型から第５文型まで同じように厄介な問題がゴマンとでてくる。分類的に問題を考えたらキリがない。だからそれをここでは論じられないわけだけど、わかるでしょう？　文法は、詳しく頭のなかに入れれば入れるほど、英語は話せなくなる。頭は重くしちゃダメなの。頭は逆に、軽く、軽くしなきゃ、即興

の会話なんてできるもんじゃない。どれだけ英語をシンプルに捉えているかで
勝負は決まる。

「英語の文は、すべて５つの文型のどれかに分類されます。たった５つのグル
ープですよ！」なんて、甘言で魅惑していながら、５文型なんてこのザマさ。
使えない！　しかも、疑問文や否定文、受身や感嘆文なんかをつくるときは、
５文型自体が意味のないものになる。「ざけんな！」って、言いたくなるぜ。

　基本的に、英文法というのは、読む英語のためにある知識。そもそもだけど、
イギリスでこういう文法論が生まれてきた背景には、かつて英語の歴史がハチ
ャメチャだったからなんだ。イギリス人自身が英語をどう理解していいかわか
らない、英語をどうやって書いていいかわからない、「誰か基本を教えて！」
って叫ぶ深刻な現実がかつてイギリスにあった（第２巻参照）。そういうなか
で、イギリス人自身が自分たちの話している英語がいったいどんな原理ででき
ている言語なのか、疑問に駆られつつ調べていって、そういう自己認識の過程
でいろいろな文法理解が出てきたわけ。その理解の仕方の一つが５文型だった。
５文型は、イギリス人自身が自分の英語を知るために考案した一つの抽象論だ
ったのさ。

　だから、日本人が英語を話すために５文型を使おうとすると、弱点だけがボ
ロボロ出てくる。すでに述べたのは、５文型のなかの第２文型の難点だけ。５
文型全体の難点は無限にある。だから、５文型を意識するとしゃべる自由を奪
われる。目を醒ましてください。英語を話すには、違う戦略をもたなきゃダメ
なんです。英語を「話す」ときは、５文型とは違う戦略をもつべきです！

　ボクが提案する「**2文型**」という戦略は、**IA メソッド独自の文法コンセプ
ト**。つまり、「２文型」なんて言葉は日本の英文法の世界には存在しない。ボ
クが勝手につくった文法用語です。**その適用範囲は「話す英語」**だけ。ここも
絶対に忘れないでください。「読む英語」はボクの守備範囲ではない。つまり
本書の守備範囲ではない。ボクは**「英語には60格ある」**とか、**「前置詞ユニッ**

ト」を使わなきゃ英語は話せないとか、前置詞は「**格マーカー**」だとか、かなり過激なことを第3巻で展開しました。

　すべては、英語を話す現場で必要になることだった。英語を話す現場では、誰にも頼ることができない。「あのう～」なんて、話し相手に向かって自分が話そうとしていることの文法なんか尋ねようがないでしょう？　瞬時の自分の判断だけが要求される。そういうシチュエーションでのしゃべるための処理法として、上記の独自概念の価値を説いたわけ。ボクは、自分でつくった独自の文法概念を使いながら、海外で20年間英語を使って仕事をしてきました。だから、これらの概念には実効性が担保されています。そういう独自の文法概念の一つとして、本書では「2文型」という言葉をここで使うわけです。これは「5文型」の向こうを張った言葉だから、根本において、「5文型」をあざ笑っています。

2文型なら決断は0.1秒！

　しょせんは、選択にかける時間の問題です。5つの選択肢のなかから一つを選ぶ行為と、2つの選択肢から一つを選ぶ行為と、どっちが速く選べますかということ。選択肢が5個ある場合と、2つしかない場合、どっちがすばやく選べるでしょうか？　答えは言うまでもありません。選択肢が2つということは、「どっちだ？」という意識だから、「2文型」が圧倒的に有利です。「5文型」には問題がたくさん隠されています。各文型の概念上の違いが抽象的で、瞬時には判断できません。迷っている時間が沈黙になるので、それだけでもう、会話を破壊します。

　まず、定義を示します。2文型とは、以下の文型のことです。

IA 英語メソッドの2文型 ➡ ① SVC & ② SVO

　単純明快です。ただし、**上記①の SVC は 5 文型の SVC とまったく違います。この 2 つの文型を分ける視点は、「5 文型」で使われた視点とまったく違います。**この 2 つの文型は極限まで絞り込まれた概念です。ですから、2 つの文型の選択で悩むことは一切ありません。まさに0.1秒で判断できます。

---

① SVC ➡ この文型で使う動詞は be 動詞のみ
② SVO ➡ この文型で使う動詞は be 動詞以外のすべての動詞

　英語を話そうとするくらいの人なら、この分類で迷う人はいないでしょう。これ以上の単純明快な分類はないと思います。0.1秒という言い方に嘘はありません。「こんな簡単な分類でいいの？」という声さえ聞こえてきます。喜びにひたってください。これで迷わず英語がしゃべれるようになるんですから。

　この 2 つの文型の違いを、伝える内容から理解し直してみます。

---

① SVC ➡ 「〜は --- です」　　主語を別の言葉で説明する
② SVO ➡ 「〜は --- をする」　主語の動作や変化を伝える

---

　be 動詞さえ使われていれば、すべての文を①のパターンと考えます。ですから悩んだり迷ったりする部分はどこにもありません。

　②の SVO に関しては、以下のように考えてください。

SV
SVO
SVOO
SVOC

すべて SVO と考える
5 文型上の違いをすべて無視する

　こんな大胆な理解をすすめる英語本などどこにもいないと思いますが、話す英語のためには、ここまで簡略化しないとダメなのです。こうしないと絶対に話せません。目的語があろうとなかろうと、補語があろうとなかろうと、そんなことはどうでもいいのです。補語や目的語をつけたりつけなかったりするのはその状況次第ですし、そのときの気分次第ですから。「文型」のなかで話さなければならないという強迫観念自体が錯覚です。**ポイントはたった一点、SVO の文型は、動詞が be 動詞ではないということだけ**。その動詞が動作動詞だろうが、状態動詞だろうが、知覚動詞だろうが、そんな違いはどうでもいい。すべて無視！

　文型は、可能なかぎり、ゆるゆるで拘束力がないほうがいいのです。日本人が日本語を話すとき、文型を意識して話す人がいるでしょうか？　そんな人、いるはずがありません。アメリカ人にも、イギリス人にも、彼らが英語を話すとき、文型を意識して話している人間なんてどこにもいません。母語とはそういうものです。日本人が英語を話す場合だって、可能なかぎりそれに近い意識状態をつくってやらなければダメです。そうでなければ、自由に、思いつきでしゃべれるわけがありません。妥協できる最大限の文型意識が「2文型」の自覚です。これで、拘束されているという意識はほぼ無化できます。

> SVC の文型でおもに使う武器 ➡ 叙述モード
> SVO の文型でおもに使う武器 ➡ 拡大モード

　拡大モードの使い方は第4巻で終わりました。本書の目的は、叙述モードの使い方を紹介することです。

序章

Point **SVCを哲学してみたら**

SVCの全方位射程

　この「全方位射程」とは、結局、２文型の SVC でどれだけ色々なことを話せるかという問題と同じことになります。言い方を変えると、be 動詞の守備範囲がどのくらいかということです。確認しましょう。

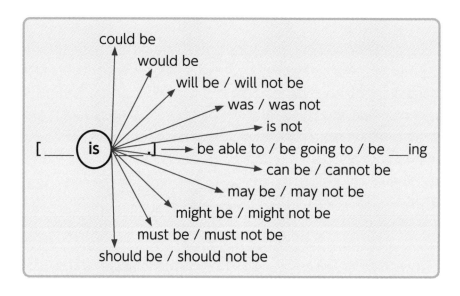

```
                    could be
                      would be
                        will be / will not be
                          was / was not
                            is not
[ ____   is   ____ ]  →  be able to / be going to / be ___ing
                            can be / cannot be
                          may be / may not be
                        might be / might not be
                      must be / must not be
                    should be / should not be
```

　これが be 動詞絡みの表現と、[__ is __] で表現できる大まかな表現範囲です。疑問表現や完了表現は外してありますが、日本語にすれば、これらがどれほど広い表現の幅をもつか想像がつくでしょう。

　これが be 動詞を使った ［__ is __］ の真の姿であり、２文型の片割れであ

るSVCの守備範囲です。be動詞はバカにできないのです。

　これをもう少し違う側面から考察してみましょう。

人口爆発をどう思う？

　ちょっと架空のストーリーを展開してみます。そのテーマは現実なのですが、話題の扱い自体は架空の設定とします。しかし妙に現実的ですから、たぶん変な気分になり、グイグイ話に引きこまれてゆくと思います。

　①「**僕が小学生だった頃、世界の人口は30億人でした**」。ボクは妙にその数字を覚えています。そのうち地球の人口は60億人を突破するかもしれないなどと、クラスメイトと話しあっていたのも覚えています。②「**しかし、今、その人口は80億人を超えています**」。かつて架空の世界として話しあっていたことが、すでに現実の世界になっており、しかも当時の想像すら超えています。③「**僕のその少年時代から今日まで過ごしてきた時間は、約50年に及びます**」。なんと半世紀以上が経ったわけです。④「**その50年という時間は、500万年に及ぶ人類史の10万分の1に相当する瞬間です**」。人類史の長さの0.00001年ですから、人類史の歩みからみれば限りなくゼロに近い時間です。その限りなくゼロに近いたった50年の一瞬が、世界の人口を、30億人をはるかに超える50億人に増やしてしまったわけですから、その50年間という時間はいったい何ごとをもたらした時間だったのでしょう。

　⑤「**その針の先ほどの瞬間に、一体、なんの引き金が引かれたのでしょう**」。しかも、⑥「**その80億人はすでに100億人に肉薄しつつあります**」。ボクはこの人口爆発の現実を、一人の人間の生に与えられた時間のなかで目撃し、体験しつつあります。⑦「**この世界人口の数は、すでにありえない現実になっています**」。いわゆる人口爆発と呼ばれるこの現実は、いったい何を意味しているのでしょう。地球上の人類の数の増え方を500万年を横軸にとり、人口数を縦軸にとって、その増加曲線をグラフにすれば、ここ50年の増え方はほとんど

垂直線になるはずです。明らかに異変が起こっています。その上昇線は「幾何級数的膨張」どころではないはずです。

⑧「この爆発的な世界人口は、爆発解と受け止められています」。爆発解とは数学上の言葉で、有限時間内に微分方程式の解が発散することらしいですが、⑨「この数学的な言葉の意味は、まだ、誰にも解明されていません」。人類の人口のこの爆発的な増え方は微分方程式の爆発解にのみ合致する現象で、しかし、その「解」の意味、つまり「爆発が有限時間内に起こる」という想定を、現実の現象に対応させてリアルに解釈できる人間はまだいないということです。⑩「何が起ころうとしているのでしょう」。これは架空の話のつもりですが、決して架空ではなく、超現実的で、科学的な話です。⑪「爆発とは、すべての終わりに違いありません」。つまり、地上の人類すべてを包みこむ、いえおそらく、地上の生命すべても包みこむ出来事になるに違いありません。⑫「我々は、それに立ち会う準備はできているのでしょうか」。⑬「なんでもありうる」現実のただなかに、人類はすでに存在しています。

誰もこのテーマを笑えないはずです。このテーマと無縁な人類などいないからです。爆発解という数式上の現象にしか対応しないのが、今、我々人類が起しつつある地上の人口爆発です。そして、その結果を予測しうる人間はまだ誰もいないのです。つまり、80億人などという急激な人口増加は自然界では異常現象です。この意味の考察は、真剣におこなえば、すぐに1冊の分厚い本になるでしょう。

ささやかな試みですが、すでに述べた①〜⑬までの日本語を英語に訳すとどうなるでしょう。上記の思考内容が何を意味しているのか、面白い気づきを与えてくれます。以下のすべての文は、意図的にbe動詞を使って訳しましたので、多少の不自然さがあるのは我慢してください。

① When I was in elementary school, the world population **was** 3 billion.

② However, now, the population **is** over 8 billion.

③ The time that has passed from my boyhood to today **is** around 50 years.

④ This 50 years **is** 1/100,000 of a moment in 5 million years of human history.

⑤ What **was triggered** in that moment of a needle tip?

⑥ This 8 billion **is** already coming close to 10 billion people.

⑦ This human population **is** already an unusual reality.

⑧ This explosive world population **is understood** as *a blow-up solution*.

⑨ The meaning of this mathematical term **is not solved** yet by anyone.

⑩ What **is** happening?

⑪ *A blow-up* **might be** the end of all.

⑫ **Are** we ready **to be** there?

⑬ Anything **can be**.

　文中の「爆発解」という言葉は、英語では *blow-up solution* です。blow は「吹く」という意味ですから、*blow-up* は風船を膨らませていってその限界点で風船が破裂する瞬間にあたります。イメージとしてはわかりやすいですが、その内容はただごとではないはずです。

SVCは認識のための型

　すべての英文で be 動詞を使えたということは、すべての思考が「**SVC の全方位射程**」の範囲に収まっていたということです。つまり、思考のすべてが [＿ is ＿] の構文内に収まっていたことになります。

　進行形は「be 動詞＋現在分詞」であり、受身は「be 動詞＋過去分詞」ですが、現在分詞も過去分詞も形容詞ですから、be 動詞を使った進行形の表現

や受身の表現とて ［＿ is ＿］ なのです。

「世界の人口は30億人だ」、「現在の人口は80億以上だ」、「80億が100億に肉薄しつつある」、「爆発とはすべての終わりだ」等々、すでに掲げた表現のすべてが、主語を補語によって説明していました。その説明は事実の説明であり、不明な現実の解釈であり、結局は人間の世界認識、人間による人間の認識でもあったはずです。なぜなら、人間は世界内存在で、世界に位置づけられて初めて自己の意味を知ることのできる存在だからです。人間（主語）は世界（補語）との関係を外しては自己認識できません。人間が自己を捉える、つまり認識する方法は、世界の範囲や諸相をどこまでも広げながら、その対象世界と自己を結びつけつつ、同じだ（A ＝ B）とか、同じではない（A ≠ B）などという思考形式に収束させながら、自己を知り、外界を知ることのようです。

　人口爆発の問題は現在進行形の課題です。そして、補語にあたる「爆発解」は有限時間内で起こる微分方程式の発散らしいですから、その「解」はこれから起こる現実のようです。しかも、その現実の意味はまだ誰にもつかめていないといいます。ということは、人間はこの人口爆発という問題設定を「爆発解」という言葉に結びつけて考えるかぎり、人間自身の意味をまだつかめていないことになります。これは、衝撃です。衝撃のはずです。爆発解の意味とその現実の趨勢を解き明かさないかぎり、人類は人類の意味を知りえないことになるでしょう。

　人間はまだ、丸ごと無知のようです。
　無知のまま生きているのです。

[**The meaning of the blow-up solution**, as a matter of human population we are facing], **is** [〜〜〜〜.]
［人類が今直面しつつある人口問題としての、**爆発解の意味**］は、［〜〜〜〜。］

英語で考えてみても、補語の部分に謎の意味が充当されるはずです。そして、

その意味が人類の間近な現実を予告することになるはずです。

「AはBだ」、「AはBではない」、つまり「A＝B」とか、「A≠B」とかいう言葉の表現は、結局、AというものがBとの関係でどうなのかということを表現しています。つまりAがAを知ろうとする思考形式のはずです。Aに「人間とは〜」と代入しても、「人口爆発としての爆発解とは〜」と代入しても、同じことです。

　人間は未知の世界をどんどん開拓しながら生きてきました。たとえば、「平和とはなんだ？」という抽象的な問いに対しても、「平和とは戦争がないことだ」という答えを用意する人間がいる一方で、「いや、平和とは力の均衡状態だ」と言う人もいるでしょう。物理的な疑問であれ、抽象的な疑問であれ、人間はその未知の疑問を解きながら知の領域を広げつつ生きてきました。つまり、人間は、探っている謎をAと措定し、そのAが何らかの対象と等しいのか等しくないのかを探りつつ自己を確定してきたのです。つまりそれは、AがBに対し、A＝Bだと判断するか、A≠Bだと判断するかに分かれたわけです。A＝Bと納得できれば安堵して生存領域は安定しました。A≠Bとなると不安は続き、思考はさらに継続します。人間は、ときには、自己と同一化できないBの存在を容認できなくなり、破壊したり、抹殺したりして生きてきました。それが血なまぐさい人類史だったようです。

　いずれにしても、「〜は〜だ」、ないし「〜は〜ではない」という思考のパターンは、人間の思考の根底を支えている思考形式のようなのです。断定はしませんが、ボクはそう考えています。人間とはしょせん、知ろうとすることを違う対象との「関係」で捉えることをしながら生きてきたし、これからもそうやって生きつづけてゆく存在のようです。その場合、その「関係」は、「同じだ」という認識か、それとも「同じではない」という認識に集約されるようです。

　これを英語の文型にあてはめて考えてみると、主語と補語の関係に当てはま

ります。英語の主語と補語の関係は、主語と補語をつなぐ連結辞たる be 動詞をいろいろに変化させることによって、様々な関係で表現できました。それはすでに「SVC の全方位射程」で確認しましたが、しかし、その本質は「主語＝補語」か「主語≠補語」に収まりました。しかもそういう思考の射程そのものが、すべて、人間の「認識」という次元、「認識」という概念に収まりました。であるなら、[__ is __] という英語の文型は、「考える葦」である人間の、考える行為そのものを支えている「思考の型」と言えるはずです。[__ is __]、つまり、This is a pen. の奥は深いのです。ドイツの哲学者フィヒテは『全知識学の基礎』のなかで真剣にこの問題を問いつづけ、紀元前4世紀前後の、インド哲学のウパニシャッド文献でも、「〜は〜だ」と表現される同置の思考形式のなかで、人間の認識と存在の関係が考究されていました。

> 英語の ［ __ is __ ］ の思考枠は、単に「5文型の一つ」などと理解して済む問題でありません。これは人間の認識を支える究極の思考形式なのです。

SVC と SVO の違い

「2文型」などという不埒な言葉を使って、既存の英文法を愚弄しているように思われたかも知れませんが、実は、[__ is __] の文型に、ボクはこのような思考を投影しています。

　ボクが IA メソッドで SVC と定義し、その V を be 動詞のみに限定するのは、[__ is __] の文型が人間の認識を支える枠組みだと考えるからです。そう考えるからこそ、事物や人間の変化を表現する SVO に対峙させて、その向こうを張って、SVC を立てるのです。

　既存の英文法や既存の5文型、これらの考え方では以上の思考を支えきれません。

というわけで、以上を整理すると次のようになります。

SVC ➡ 人間の認識を表現するための思考の枠
　　　人間がみずから認識した世界に自己を投影するための文型

SVO ➡ 人間の生存様式を表す言語表現の枠
　　　人間を含む事物の活動と変化を捉える文型

　英語を話すときの文型の違いを上記のようにたった２つに絞りこんでおけば、SVC か SVO か、そのどっちかを選ぶわけですから、話すことを胸中に思い浮かべた瞬間に一方を選べます。人間とは、**「物を食べて生きる動物」**であると同時に、**「ものを考えて生きる動物」**です。英語を理解するとき、ときどき哲学が必要になります。こういう意味で IA メソッドは２文型を主張するのです。

　英語を話すには SVC と SVO の２つの文型で十分です。文型を２つまで絞りこまないと、即興でしゃべる現場には対応できません。言葉を分析的に捉えた５文型の知識では瞬時に話す現実に対応できません。視覚で文字を読むときの頭の使い方と、聴覚で音声を使いこなす頭の使い方は違います。それを同じだと錯覚するから５文型重視が生まれ、５文型への妄信が生まれます。しかし、話すという現実に身を置けば、それが妄信だとすぐに気づきます。外国語を話す現場では、分析的思考で得られた知識では対処できません。それをもう一度客観視して、**シンプルなイメージ**に落としこまないかぎり使えないのです。それを教えてくれるのは、英語の場合、話す体験しかありません。

INDIVIDUAL
ASCENDING
METHOD

第1章

叙述モード 初級篇

準備なしに話しだす奇策

Point 叙述モード、展開の順序

　ここから始まる第１章と第２章で叙述モードを紹介します。叙述モードは英語を話すための IA 英語メソッドの３本柱の一つです。第一が**逆転モード**（Reverse Mode）、第二が**拡大モード**（Expansion Mode）、第三がここから始まる**叙述モード**（Description Mode）です。

　拡大モードと叙述モードは、即興で英語を話すための、究極の策です。拡大モードの使い方は第４巻で十分説明しました。ですから、本書は叙述モードを説明するのが目的です。その叙述モードを使うには、２つのことを意識しなければなりません。①［＿ is ＿］の文型と、②**to 不定詞**です。［＿ is ＿］の文型の意味づけはすでに序章で済ませました。ですからここからは to 不定詞の意味や使い方を確認しながら叙述モードの使い方に入っていきます。

　叙述モードの紹介は、第１章と第２章に分けます。

　第１章では、叙述モードの基本的な使い方を紹介します。誰でも理解できるでしょう。そして、誰でもすぐに使えるようになるでしょう。思考の準備なしに、いきなり英語を話しだすための方法です。

　第２章では、叙述モードの高度な使い方を紹介します。叙述モードは高度な会話を英語で展開する場合の切り札にもなるのです。初心者には難しく感じるかもしれませんが、今使いこなせないからといって落胆、失望しないでください。本書の読者には、かなり英語のできる人もたくさんいるはずです。そういう方々には面白がってもらえると思います。そうではない初心者の方々も、将来的に、こんなレベルまで英語でしゃべれるんだということがわかれば勇気づ

けられるはずです。初級も上級も原理は同じです。単に、使う用語が違ってくるだけです。そういうわけですから、初心者が第2章に落胆することのないよう注意してください。上級篇は、日本人が世界に向かって英語で吠えるための奇策です。

＼ IA 英語メソッドの3本柱／

① 逆転モード（Reverse Mode）
② 拡大モード（Expansion Mode）
③ 叙述モード（Description Mode）

叙述モードを使いこなすと…

◎高度な英会話が展開できるようになる！
◎世界に向かって自分の考えを堂々と主張
できるようになる！

最初は、to 不定詞という、叙述モードで使う道具の説明から始めます。

第1章

Point **不定詞ってなんだ？**

不定詞は、どこから来たの？

　SVC つまり［＿ is ＿］の構文を利用するのが**叙述モード**ですが、その叙述モードのなかで利用する道具が **to 不定詞**です。ですから、まず to 不定詞をきちんと理解しましょう。次の文を訳せますか？

I made him **go.**

　どういう意味でしょう。そう、これは make を使った使役の文です。文の意味は「私は彼を行かせた」です。ところで文中の go の品詞はなんでしょう？　動詞ではありません。動詞は made のほうですから。実は go は名詞なのです。「???」。疑問が走りますよね。古い英語にはこういう文が多々ありました。問題は、この go が動詞として使われた場合の go と見分けがつかないことです。でも、この場合は名詞として使われた go なのです。今、わたしたちはこの go を「原形不定詞（Root infinitive）」と呼んでいます。5 文型のSVOC のなかでときどき顔を出します。

　「いやだなァ〜。動詞と名詞が同じ形なんて、見分けがつかないよ！」と思いませんか？　絶対にそう思うはずです。強い心理的違和感があるはずです。

　でも、日本語だって、**「あばれる君」**なんて言葉があります。あれは動詞を名詞として使っているから違和感があるのです。いや、あれは動詞「あばれる」の連体形だ。「君」がついてるじゃないか、という主張があるかもしれません。しかし、日本語の動詞の終止形と連体形は同形で、「あばれる人」「あば

PAGE / 044

れる男」なら連体形ですが、名詞に対する接尾辞の「君」をつけているのです
から、この場合の「あばれる」は名詞でなければなりません。人の名前なんで
すから。この理解は動きません。「事物」の名前が名詞です。「飲む君」「食べ
る君」「笑う君」、どうしたってこういう日本語は名詞の使い方の前例を破って
います。だから違和感があって、その違和感を利用して人々にこの名前を印象
づけたわけですから、戦略的には「あばれる君」の勝ちです。でもその勝ちは、
違和感という厳然たる事実によって得られた勝ちですから、文法的にはこれは
ルール破りで、スタンダードな日本語の使い方ではありません。

　ボクは、何を言いたいのでしょう？　そうです、違和感です。I made him
go.「私は**行くこと**を彼にさせた」という go の使い方に、実は、イギリス人
も違和感を覚えたのです。どうしたって go に動詞を連想してしまうからです。
「あばれる君」の「あばれる」に動詞を連想してしまう我々日本人の違和感と
同じだったはずです。

　さて、イギリス人はこの問題をどう処理したのでしょう？　彼らは動詞を名
詞として使いたくて仕方がなかったのです。そこまで彼らの英語感覚も高度な
要求をするところまで来ていたのです。日本語の場合には、動詞が連体形とい
う活用形をもっていましたから、「こと」という抽象名詞を連体形につけて、
「行く＋こと＝行くこと」とやって動詞を名詞として使う方法をつくりだせま
した。また、終止形と連用形の語形が違うことを利用して、「**行き**はよいよい、
帰りは怖い」などというように、連用形の「行き」とか「帰り」を名詞として
利用することもできました。日本語は結構フレキシブルでした。

　でもイギリス人も負けてはいませんでした。彼らは動詞に目印をつけたので
す。「この目印が動詞の原形についている場合、それは動詞じゃなくて名詞と
いうことにしよう！」というわけです。その目印というのが to だったのです。

to go / to drink / to eat, etc. ➡ 行くこと／飲むこと／食べること
＝ 名詞

　これがイギリス人の考えた解決策でした。それで以下のような文を自由につくれるようになりました。

I want [**to eat**].　　　　➡ 僕は ［**食べることを**］、欲する。
I like [**to go**] to London. ➡ 僕は ［**行くことを**］、好きだ、ロンドンへ。

[to eat] は want の目的語。[to go] も like の目的語です。ですからあえて「行くことを」と訳しておきました。目的語は名詞です。名詞しか目的語になれません。ですから、I like go to Asakusa. とも I want eat. とも絶対に言いません。動詞は２つもいらないからです。こういう間違いをするのは、中学時代の英文法を忘れた日本人だけです。でもそういうオジサンたちが、日本中にたくさんいることをボクは知っています。まあ、罪はありません。彼らの生活に英語は関係ないのですから。でも、この種のオジサンたちの発想って、昔のイギリス人の発想とたいして違っていない気がします。

　ともあれ、I made him **go**. なんて言い方が今も残っているのは、まあ、イギリス人にとって、言語上の記念碑でしょう。イギリス人は古いものを大切にしますから、言葉の世界でも、「昔の英語を思い出せるゾ！」って感覚で、大切にしているのかもしれません。日本語にもそういうこだわりのある古い表現はいくらでもありますよね。それは、それで、いいと思います。言葉はその民族の歴史や文化をつめこんだ「使えるタイムカプセル」みたいなものなのですから。

　これで、「to 不定詞」になぜ「to」がつくのかってことは、わかったと思います。

　次の問題は、「不定詞」という名称の問題です。

不定詞と to 不定詞

　　不定詞のことを英語では **Infinitive** と言います。この言葉に似た語に形容詞の infinite があります。この語の構造は［in + finite］で、in- は否定の接頭辞ですから、「finite ではない」という意味です。つまり、「限界がない・限りがない」という意味です。Infinitive は文法用語ですから「不定詞」でいいのですが、この言葉のもともとの意味を理解するために、この infinite という形容詞の意味に立ち戻っておく必要があります。Infinite は、元々は「数や量に制限がないこと」の意味でしたから、その意味がそのまま Infinitive に受け継がれたのだと理解できます。では、Infinitive ではどんな意味での「数や量」が、「制限がない」とか、「限りがない」というのでしょう？

　　「不定詞」のもとになっている語は言うまでもなく動詞です。不定詞は動詞から生まれた語で、動詞を利用した語です。ところで、普通の動詞は主語の人称や数に影響を受けます。I go / He goes の例を出せばわかりますよね。また I am ~ / You are ~ / He is ~ / They are ~ などと be 動詞の場合には厳密に **「主語の人称や数」と「動詞」の関係が固定されています。**そもそも印欧語における動詞とはそういうものです。ラテン語には主語のない文がたくさん出てきますが、心配はいりません。その動詞の主語が一人称なのか、二人称なのか、3人称なのか、また単数なのか複数なのかは動詞の語尾変化でわかるようになっているからです。このように、動詞という語は根源的に主語と連動している語です。つまり主語の種々相を克明に明示する役目を動詞は果たしていたのです。

　　おいしそうな鹿の肉があって、自分一人（単数）で「食べる」のか、仲間（複数）で「食べる」のか、その仲間は目の前の人物（二人称）なのか、これからやってくる仲間（3人称）なのか、これらの条件の違いによって「食べる」肉の量が変化することになります。西洋人はそういうことに非常に敏感だったのです。その習慣が主語の人称や数と動詞の関係を過敏にしたのです。しかし日本語ではそういうことにこだわりません。いつも仲間で分けあって食べ

ていたんじゃないかと想像されます。

　ですから、古い英語では一人称の動詞語尾と、二人称の動詞語尾もちゃんと変化していましたし、それが複数になっても変化していました。そんな動詞が、「名詞としても使われてみたいなァ〜」、いえいえ、人間のほうが、「動詞を名詞としても使えないかなァ〜」と考えたとき、「ちょっと待てよ、名詞って、そもそも時制とは無縁だぞ！　動詞のように時間の違いに影響されないゾ！」なんてことに気づいたのです。「しかも、もともとの名詞もあるんだから、もともとある名詞とは違う使い方のできる名詞って、つくれないのかなァ〜」なんて考えだしたわけです。そういう特例的な使い方を、昔からある名詞にではなくて、動詞からつくり出す**新しい名詞**には認めさせようという人間の発想が投影されてできあがったのが「不定詞」でした。ボクはそう理解しています。言語の世界の「経済特区」みたいなものです。

　ですから「動詞から生まれた名詞＝不定詞」は、動詞の規則や制約から外れて、規則のうえで非常に大きな自由を獲得しました。その自由になった側面が強調されて、この種の名詞の名前が決まったのです。つまり Infinitive とは、**「主語の人称や数に固定されていない語 ➡ 定まっていない語＝不定詞」**と認知され、日本でも「不定詞」という訳語が与えられました。これが「不定詞」という言葉の背景、由来です。

　こういうわけですから、「不定詞」はいろいろな制約から自由です。自由ですから使い勝手がいいのです。その特徴をわかりやすく言いなおすと、「①動詞の意味をもっているくせに、②主語に支配されない、③だから述語動詞として働く義務もない、④とりわけ名詞の役割を演じることが得意で、⑤しかもどんなに名詞を演じても冠詞を伴う義務もない、⑥名詞以外のいろんな品詞にも化けられる、ものすごい自由特権をもつやつ」ということになったわけです。

　このように「不定詞」はその由来からして融通無碍で、可変的で、状況への適応力が抜群だったわけです。ボクは「不定詞」を説明するときに、周囲の色

に応じてどのようにでも皮膚の色を変えられるカメレオンや、あらゆる術を使い分けてどんな状況をも突破する忍者にたとえるのが好きなのですが、決して的外れではないと思っています。

不定詞の化け方

　カメレオンは周囲の色彩に合わせて体の色を自由に変え、獲物に気づかれないようにして近づきます。そして一瞬で獲物を獲得します。その武器が長くのびる舌ですが、それも面白いし、人間に危害を加える動物でないところも安心して好きになれる部分です。to不定詞をこういうカメレオンにたとえるべきか、それとも忍者にたとえるべきか、いつも悩みますが、まあ両方にたとえながら進めてゆきましょう。

　to不定詞は名詞です。ですから、①**主語**にも、②**補語**にも、③**目的語**にもなれます。またto不定詞は④**形容詞**にも、⑤**副詞**にもなれます。簡単にいえば、to不定詞は一人5役であり、五変化の役者ともいえるでしょう。この融通無碍なto不定詞を使う場合に、使い方をきちんと分けて理解しておかなければ頭が混乱します。

　ボクはいつも以下のように理解して使い分けています。

狭義の 叙述モード	名詞	主語	**To drink** is my pastime.
		補語	My pastime is **to drink**.
広義の 叙述モード		目的語	I like **to drink**.
	形容詞	It's time **to drink**.
	副詞	I'm happy **to drink**.

　これが、to不定詞の全貌です。確かに、名詞としては3つの使い方ができて、その他に、形容詞としても副詞としても使われています。主語、補語、目的語

の場合は to 不定詞は名詞として働きます。形容詞として使われている場合は
名詞を修飾します。副詞として使われている場合は、動詞や形容詞を修飾しま
す。これらの使い方のすべてが to 不定詞のパフォーマンスということになり
ます。

　確かに to 不定詞は多芸多才です。こんな便利な言葉は他にありません。で
すから、これからこれらを自由に口頭で使えるスキルにしてゆきます。

Point

主語に化ける to不定詞

to 不定詞のつくり方

　誰もが知っていることとは思いますが、基本中の基本ですので、触れないわけにはいきません。大切な一点ですので、ここで説明しておきます。原形不定詞はめったに使いませんので、普通は不定詞というと、それは to 不定詞のことです。この **to 不定詞**のつくり方の定義です。

to 不定詞は　　| **to ＋ 動詞原形** |　　で表現されます。

　普通の動詞は、辞書に載っている辞書形が現在形であり、その現在形が原形ですから、何も意識する必要はありません。つまり、以下のように理解してください。

to drink	➡	飲むこと
to eat	➡	食べること
to believe	➡	信じること
to analyze	➡	分析すること

すべて抽象名詞の
to 不定詞

　こうして動詞の数だけ、無限に to 不定詞をつくりだせます。これは名詞ですから、使い勝手が非常に広くなります。ただし、次ページのように、be 動詞だけは注意を要します。

> **be 動詞の原形**は is/am/are ではなく **be** です
>
> ですから、**be 動詞の to 不定詞は ➡ to be** です

※「助動詞の後ろの動詞は原形」と言われます。ということは、I will **go** / I must **go** / などの go は現在形ではなく原形という理解になります。ですから be 動詞を使った場合、I will <u>am</u> とは言わず I will **be** となり、助動詞 will の後ろに原形が置かれていると理解されます。ささいなことですが覚えておいてください。

to 不定詞を SVC の主語 & 補語にする

第 1 章「叙述モード　初級篇」では、まず認識のパターンである SVC の主語と補語に to 不定詞を代入する方法に慣れてもらいます。[＿is＿] の主語か補語に to 不定詞を代入して話す方法を「狭義の叙述モード」と呼ぶことにしています。

基本は以下のようになります。

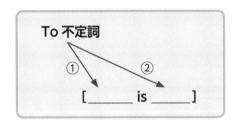

① **To drink** is my pastime.　➡　To drink は**主語**

② My pastime is **to drink**.　➡　to drink は**補語**

これだけのことです。①は「**飲むこと**が、僕の気晴らしさ」という意味で、②は「僕の気晴らしは、飲むことさ」という意味です。この人物はこれから素顔を現す人物です。なんか酒飲みの無頼漢みたいなイヤな予感がします。

　ここまでは、基本中の基本です。実際の使い方は次のようになります。まず、主語を拡大する実例を示します。

主語を拡大する実例

---

① [**To drink**] is 〜〜

　　「飲むことがね〜」と切りだされました。でも、何を飲むのだろう？

② [**To drink** wine] is 〜〜

　　そうか、ワインか〜。趣味いいなァ〜って感じもする。でもワインは
　　単に「酒」の意味もあるし。

③ [**To drink** wine / in my room] is 〜〜

　　なるほど、自室で飲むのね。悪くないね！

④ [**To drink** wine / in my room / before sleeping] is 〜〜

　　ええッ〜、食前の「優雅なワイン」じゃないの〜？　寝酒かよ！

⑤ [**To drink** wine / in my room / before sleeping / while looking
　 at old pictures] is 〜〜

　　写真見ながら飲むワイン？　何それ！　そんなのある？　しかもじっ
　　と見ながら飲むって？

⑥ [**To drink** wine / in my room / before sleeping / while looking
　 at old pictures / of my ex-girlfriend] is 〜〜

　　昔の恋人？　つまり、別れた恋人でしょう？　未練たらしいなァ〜！

⑦ [**To drink** wine / in my room / before sleeping / while looking
　 at old pictures / of my ex-girlfriend / every night] is 〜

　　勘弁してよ、毎晩それやってるワケ！　そのワイン、優雅でもなんで
　　もないじゃん！

　つけたされてゆく表現が、聴き手の印象をどう変えてゆくかを文字にすると、各英文に付されている日本語の印象になるはずです。いきなり「To 〜」と話

しはじめると、聞いているほうは、その唐突さゆえに、こういう印象になります。ですから、聞いているほうがこういう印象になることを百も承知でこういう言い方をするのがこの話し方の目的の一つです。

この文が即興で口から出されている文であることに注意してください。そして、その文が実際にはどうやって拡大されてゆくのかを示したサンプルが、この文です。**ほとんどすべての拡大部分、つまり、つけたされている内容は「前置詞ユニット」で付加されている**ことがわかるはずです。これは、すでに第４巻で十分慣れておいたスキルです。

上記はポツリ、ポツリと、まさに、話の細部を「つけたす」ように話すのがコツです。文全体を俯瞰すると、次のことにも気がつきます。

[**To drink** wine 〜〜] is 〜〜 という構文になっています。つまり、is までが主語です。**主語を事前につくっておく必要はありません。**思い出しながら話せます。**これで即興トークが成立します。**補語はどうなるのでしょうか？　つまり、締めくくり方です。

⑧ [**To drink** wine / in my room / before sleeping / while looking at old pictures / of my ex-girlfriend / every night] **is my pastime.**

主語が長い場合は、補語は短いほうがいいのです。

しかし、なんとも情けない男の話でした。無頼漢でもなんでもありませんでした。「元カノ」は、たぶん、もう新しい恋人をつくっているはずです。

完訳：「毎晩、昔の彼女の、古い写真を、じっと見つめながら、寝る前に、自分の部屋で、ワインを、**飲むことが、僕の気晴らしなんだ**」

でも、英語を話している側の感覚、また聞いている側の理解としての訳は、

以下のようになります。

実訳：「**飲むことがね〜**、ワインをね〜、まあ自分の部屋でなんだけどサァ、寝る前にネ、写真見ながらサァ〜、元カノの写真なんだけどネ、毎晩さ」、**それが僕の気晴らしなんだ。**

こんなことが気晴らしの男に明るい未来はないでしょうが、まあ、これは単なる架空の話です。この長い英文の構造は実に単純です。[**To drink** wine 〜〜〜] **is** my pastime. 大切なポイントは以下の3点です。

> 1.［＿＿＿ is ＿＿＿］を選択している。
> 2. 主語を to 不定詞から始めている。
> 3. 主部を、前置詞ユニットを使って拡大している。

このパターンを使えば、自分の話そうとする内容が「〜は〜です」のパターンにあてはまることさえ意識しておけば、誰でも、この話し方で、どんな内容でもストレスなく即興で話せます。[　　]のなかの主部は、どこで中断しても構いません。もし言い残したら、次の文で言いたせばいいだけです。

to 不定詞で主語を切りだす意味

この例文に疑問を感じ、批判を向けたくなっている人がたくさんいることを知っています。そう感じている人は、to 不定詞からいきなり文が始まっていることに文句を言いたくなっているはずです。また、主語が長いので、「こういう英語はよくないよ」と感じているはずです。それはわかっています。でも、そうではないのです。現実は逆なのです。

以下の説明をしっかり読んでください。

1．to 不定詞で文を切りだす ➡ 非常に強いインパクトが生まれる

●普通は、to 不定詞から文や話す言葉を始めません。だからこそ、この文は聞き手の注意を惹きつけ、聞き耳を立てさせるのです。しかも、to 不定詞は「〜すること」という抽象名詞ですから、話し手の頭のよさを聞き手に印象づけます。言葉を話すということはその人の言語能力を印象づけることです。当然それはその人の知性を印象づけます。つまりこのような人と違った話し方で切りだすと、「To〜」と言った瞬間に勝負がつきます。つまり、「To〜」と言った瞬間にまわりの人間の耳目を釘づけにできるのです。ボクは何度もマニラのロータリークラブのスピーチで、この切りだし方で、仲間の注意を釘づけにしてきました。これは意表を突いた意図的な話し方なのです。話し方は個性的であるべきです。

2．長い主語はよくないよ ➡ それは、中学や高校の英作文で言われること

●そういう定説は、実際の会話ではあまり意味をもちません。会話やスピーチで話すときは、相手の目を見て、身振り手振りを使って、間合いをたっぷりとりながら、全身のボディーランゲージを駆使して話します。前置詞ユニットを使った拡大モードで話すなら、聞き手は、主語の長さをまったく意に介しません。話される順番に言われたフレーズをイメージに変えながら、頭のなかで映像を構成しながら聞きますので、聞く行為自体がワクワクする現実に変わります。そして、「〜〜〜 is」とやった瞬間に、その映像が主語であることを理解します。ですから、主語の長さはまったく問題になりません。これは高度な話し方、高度な話術なのです。英語でガンガン話したり、英語でスピーチしたことのない人には絶対にわからない現実です。

3．「To 〜〜」と切りだすと 1 秒稼げる ➡ 思考が圧倒的に楽になる

●仮に動名詞を使って、Drinking 〜〜 と切りだすのと比較してみてください。どちらが急迫性が高いですか？　動名詞を使うと、Drinking wine は一語のように、間髪をおかずに発声しなければならず、Drinking と言った瞬間に目的語の wine も思考の一部になっていなければなりません。しかし、To drink 〜の場合には、**To 〜〜 と言いつつ、drink を言葉にするまでに 1 秒稼**

げます。その間に**考える時間をつくりだせます**。これは圧倒的に楽な話し方なのです。動名詞を使った場合には思考の時間的余裕がどこにも生まれません。天と地ほども思考へのストレスが違ってきます。これも体験していなければ絶対にわからない現実です。

●おまけに、聞き手は、To 〜〜 と耳にした瞬間に、抽象名詞で文が始まることを察知しますので、「コイツ、頭いいぞ〜」と、勝手に嬉しい評価をしてくれます。色々考えても、これは絶対に**日本人に向いた話し方**です。話すべきことの全体を頭のなかに用意して、それをメンタルに翻訳して、その翻訳を一気に口走る話し方を一切しなくていいのです。即興で英語を話す秘密のスキルをこの話し方はおのずと誘導してくれます。

●こんなすごい英語の話し方など、日本人にとって他にありません。こんなアドバイスをしてくれる英語本も、どこを探してもないでしょう。絶対に記憶にとどめてください。

　以上、大まかに言って、この３点からみて、［＿ is ＿］の主語に to 不定詞を代入する話し方は、実は、非常に技巧的で高度な話術だといえるのです。

**　月並みな定説や解説に騙されないでください！**

　月並みな解説をしている人は、話す現場であなたを助けてくれません。言葉につまっても、責任を取ってくれません。月並みな解説はすべて、書く英語にいえること、書かれた英語にいえる一般的な注意にすぎません。本書は話す英語のテクニックを述べていますので、そういう解説とは立っている場がまったく違います。ぜひ、実際に使って試してみてください。すぐに利便性がわかります。そもそも、話し方というのはその人の個性のあらわれであり、知性の発露のはずです。思考がユニークであればあるほど、その人なりの独自の話し方になるはずです。日本語を思い出せばわかるでしょう。文学者や思想家、芸術家は、みな独自の話し方をします。みな独特の表現をもっています。それを英

語でやっても同じことです。英語を自分の思考の表現手段として使えるように
なればなるほど、話す英語は、その人独自の話し方になってゆくものです。自
分の話し方まで類型化させてはいけません。

［To～］で始まる主語──まとめ

［＿＿ is ＿＿］の主語に、「to 不定詞」を使うことの意義をまとめます。

以下のすべてが話術のカギです！

> ◉「to 不定詞」、つまり名詞から始まっている
> ◉だから、どこまで行っても名詞句
> ◉～ is とやれば、そこまでが主語になる
> ◉つまり、文法から外れようがない
> ◉即興で、いろいろな情報を加えてゆける
> ◉文の頭出しが、超楽！
> ◉「余裕の１秒＝考える時間」が生まれる
> ◉日本人に向いた話し方（即興トーク）である
> ◉拡大モードを併用できる
> ◉話し方がユニークになる
> ◉聞き手の心をわしづかみできる
> ◉おのずとボディーランゲージを使うことになる
> ◉話し手の頭のよさを印象づける

補足：

◉一番大切なことは、［＿ is ＿］を選んだ場合、**思考の決断ができていなくても、To 〜〜 とやりながら、見切り発車的に英語を話しはじめることができる**ことです。

◉頭のなかの思考を訳してから話すのではなく、考えながら話すことが実現します。

◉つまり英語ネイティブと同じ、**即興の話し方が手に入ります。**

◉英語を話すことに、**大きな自信と安心感が生まれます。** これは**狭義の叙述モード**の優れた側面の一つです。以上のすべてが、実際の会話体験に基づいたアドバイスです。

Point 補語に化ける to不定詞

A = B なら B = A

　主語と補語の関係はイコールで同置された関係でしたから、「A = B」ならば、「B = A」ともいえます。どっちを先に思考しはじめるかの違いだけです。結局は「同じだよ」という結論が待っています。

> 東京は日本の首都です。　　東京＝日本の首都
> 日本の首都は東京です。　　日本の首都＝東京

これを英語にしてみましょう。

> Tokyo **is** the capital of Japan.
> The capital of Japan **is** Tokyo.

　東京がどういう都市か知らない外国人がいたとして、その外国人にこういう説明をしてあげるなら、Tokyo **is** the capital of Japan. は教える人にとって知識であると同時に、東京という都市に関する認識を提供しているはずです。また、そう教えられた外国人にとっても、それは東京に関する認識となるはずです。いずれにしても、be 動詞は、主語と補語を同置する役目を担った連結辞であって、[_ is _] は認識の表明なのです。つまり「A = B」なら「B = A」でもあります。

これを確認すると、以下の話し方ができることがわかります。

B is [to ～] ともいえる

先ほどの、毎晩寝る前に、元恋人の写真を見ながらワインをチビチビ飲んでいた男に再登場してもらいます。先ほどの補語を、今度は主語として使えばいいわけですから、簡単です。My pastime is ～ と始まることになります。初めてこの男の話を聞くと仮定して、以下を読んでください。

---

① My pastime **is** [**to drink.**]

　　仮に、ここで文が終わっても構いません。でも、何を飲むのでしょう？

② My pastime **is** [**to drink** / wine.]

　　そうか、ワインなんだ。ここまではなんか、お洒落な男みたいだな。

③ My pastime **is** [**to drink** / wine / in my room.]

　　あぁ～、自分の部屋で飲むんだ、ということがわかります。真面目な男なのかな？

④ My pastime **is** [**to drink** / wine / in my room / before sleeping.]

　　なるほど、寝酒か、お洒落な男でもなんでもないな、という気がしてきます。

⑤ My pastime **is** [**to drink** / wine / in my room / before sleeping / while looking at old pictures.]

　　ヘェ～、なんの写真？　昔の写真だって？　そういう疑問がわきます。

⑥ My pastime **is** [**to drink** / wine / in my room / before sleeping / while looking at old pictures / of my ex-girlfriend.]

　　何言ってんの、この男！　情けないやっちゃなァ～！　ホントにもう～！　いきなり、そう思います。

⑦ My pastime **is** [**to drink** / wine / in my room / before sleeping / while looking at old pictures / of my ex-girlfriend / every night.]

　　毎晩かよ、「馬鹿じゃん、お前！」そんな気がして、無頼漢でもなんでもないことが判明しました。

　これが叙述モードの話し方。実際は、好きなところで文を止めていいんです。ポイントは、拡大モードで補語を引き延ばしていること。そこが話術です。My hobby is 〜. / My pastime is 〜. と自己紹介する人は世界中に無数にいます。日本人だって、そうやって自己紹介するはずです。でもこんな面白い自己紹介をする人間なんて、そうそういません。もし、海外のロータリークラブで、英語でこんなふうに自己紹介を始めたら、もう、聞いている連中は抱腹絶倒、話し終わったら拍手の嵐になります。必ず無二の親友ができて、ビジネスパートナーさえ出てくるかもしれません。

　Okay, you know---, I'll tell you about my secret life, **my pastime, every night, is~~~,** you know, **to drink---,** can you imagine what I drink every night, that is---, you know, **wine,** of course, **in my room,** not in a hotel bar, **before sleeping, while looking at old pictures---,** do you want to know what kind of picture I look at, yes---, **of my ex-girlfriend!** Not many girlfriends. Just only one! This is my life, no, no~, my pastime at night! Do you want to be like me?

　これが、まあ誇張してありますが、話術です。そしてユーモア精神です。この余裕が話し手の知性への絶大なる信頼を生み、あらゆる人間関係を生みだします。上記の英語に、あえて訳はつけません。

　You crazy! I love you! We never long for your life!

　様々な歓声、称賛、愛に満ちた罵倒の言葉が乱れ飛びます。仲間は一気に増えますし、どんどん親しくなります。ボクは、マニラのロータリークラブに所属しながら、まさにこんな生活を20年送っていました。でもこれは、「主語＝補語」の知識を利用したささやかなトークにすぎません。ちなみに、英語のCrazy! は大阪弁の「アホやな〜！」に近い感じです。近しい仲間うちでは頻繁に使います。I love〜 も、「大好きだ！」の意味で、「愛してる」ではありま

せん。誤解しないように。注意してどんどん使ってください。

　どうです？　to 不定詞を主語と補語に使って話す話し方。これは書く英語ではありません！　話す英語には話し手の感情が投影されますし、知性だって投影されます。聞き手だって、その感情や知性を感じ取りながら聞きます。当たり前のことですが、英語のこの実際の感覚を感じとった経験をもつ日本人は極めて少ないのではないでしょうか。でも、英語も言葉なんですから、英語が外国人との心の交流のツールだという現実は、当たり前すぎるほど当たり前のことなのです。

　その、即興で交わす会話のとき、to 不定詞を利用した英語の話し方が、こんなに面白い現実を生みだすことを知ってください。海外では、自己アピールの弱い人間は生きてゆけません。日本では自己アピールをすると疎外され、仲間はずれにされ、いじめの対象にさえされますが、真逆の世界が海外です。英語を使う場では、割りきって自己演出法を変えてください。外国人を前にして黙っていると、自信のない人間、ずるい人間、何を考えているかわからない危険な人物と思われてしまいます。上記のように、自分から積極的に、しかもユーモアと知性を交えて自己アピールすると、一発で「誠実な人間！」と、理解されます。

　コミュニケーションのロジックがまったく違うのです。そんな場面で、to 不定詞を ［＿ is ＿］ のなかに、いきなりぶちこむこのような話法は、絶対にインパクトのある話し方になり、いきなりその文から、未知の展開が始まります。**「話せない英語通」** の言う常識なんかにだまされないでください。あなたの世界を創るのは、本に書かれた通説ではなく、あなた自身です。

Point

目的語に化ける
to不定詞

広義の叙述モード

　ここまでが、狭い意味での叙述モード（狭義の叙述モード）です。要は、「A
＝ B」は、「B ＝ A」でもいいよということです。第 1 章では、叙述モード全
体のやさしい使い方を説明して、誰にでも、「僕も使ってみよう」と思っても
らうことが目的です。実際に、そういう印象をもってもらえたと思っています。
その意味で、**狭義の叙述モード**の説明をいったん終えて、ここからは**広義の叙
述モード**の説明に入りたいと思います。

　to 不定詞が便利なことは実感してもらえたと思いますが、to 不定詞を名詞
として使う場合には、もう一つ、目的語として使う方法もあります。目的語は
必ず名詞、名詞句、名詞節でなければなりません。つまり目的語は名詞として
働く言葉のカタマリでなければなりません。その場合の使用頻度が一番高いの
が名詞句ですから、つまりは、その名詞句に to 不定詞を充当できることに気
づきます。to 不定詞だって動詞からつくった名詞なんですから。

　ここからは、狭義の叙述モードに縛られることなく、可能なかぎり to 不定
詞の有効な使い方を追求してゆきます。言葉は、文法的意味づけよりも、しゃ
べれるようになることがすべてです。ですから、貪欲にいきましょう。

I like **chocolates**.　➡　［チョコレート］が好きだ。
I like **to eat**.　➡　［食べること］が好きだ。

最初の文では chocolates が like の目的語です。同じ場所に to 不定詞を置

くと、その下の文になります。つまり、to 不定詞の to eat がきちんと目的語の役目を果たせていることがわかります。両方の文を合わせることもできます。

I like **to eat** chocolates. ➡ ［チョコレートを食べること］が好きだ。

　普通はこういう表現で使います。目的語が長くなったわけです。to 不定詞の核になっているのは動詞ですから、to eat の後ろに「食べる」行為の対象になる語を置けるのです。このパターンを使うことで、様々な表現を生みだすことが可能になります。

I decided **to buy** a vintage car.
He advised me **to get** on the train.
We plan **to open** a gorgeous boutique.

　このように to 不定詞を使って、無限に表現をつくれます。試しに、これらの短文を、ちょっと長い文に変えてみましょう。見分けやすいように、to 不定詞だけを太字にしておきます。

I decided **to buy** a vintage car / without a driver's license / in Manila.
　僕はマニラで、運転免許もないのに、ビンテージカーを買う決断をした。

He advised me **to get** on the train / arriving to the station.
　彼は僕に、駅に入ってくる汽車に乗れと、アドバイスした。

We plan **to open** a gorgeous boutique / facing Aoyama Street next year.
　我々は、来年、青山通りに面した豪華なブティックを開く計画です。

　ちょっと昔の話をしますと、ボクはバカなので、マニラで、ベンツのビンテ

ージカーを、車の免許をまだもっていないうちに買ってしまって、そのあとすごく苦労しました。かなりつらかった。完全に順序が逆でした。誰でもわかる話だけど、でもこういう失敗をやってしまうのも現実だってことも体験したわけ。というわけで、役に立たないハナシとは思うけど、上記の車の例文はボクの実際の失敗談の反映です。

　他の例文からもわかるように、**目的語に「to 不定詞」を使うと、その後の文の展開が非常に自然で、楽になります**。実際にしゃべってみると実感できます。すべてを「前置詞ユニット」だけで文を拡大してゆくのは、実際は、結構力がいります。でも、たった一箇所でも to 不定詞を使うと、一気に文の展開が楽になり、しかも自然な英語になります。だからこそ、広義の叙述モードの知識は必要なのです。

I want **to send** chocolates to my boyfriend on coming Valentine's Day.
　私、今度のバレンタインデーに、彼氏に、チョコレート贈りたいの。

I like **to join** ladies only drinking party held once a month.
　私、月に一度の、女性だけの飲み会にね、参加するの好きなのよ。

I'm planning **to wear** this new dress at the girl's party to show it off.
　私その女子会でね、この新しいドレス着てみようと思ってるの、見せびらかすためよ。

Next year, I plan **to go** cruising in the Aegean Sea **to visit** Mykonos Island and say hello to many cats there.
　私、来年ね、エーゲ海のクルージングでサァ、ミコノス島を訪問してサァ、そこのたくさんの猫たちに会ってネ、コンニチワしたいと思ってるの。

上記のように、自由自在に英語がつくれるようになります。これらの文はみ

な、「即興のしゃべる英語」です。もうほとんど英文をつくるうえでの制約が
なくなっていますよね！

目的語の「to 不定詞」ひとひねり

　以上の、「to 不定詞の目的格用法」をひとひねりして、これをもっと身近な
文法知識にしてみます。「to 不定詞の感覚用法」とでもいいましょうか。それ
は to を 2 つの動詞を結びつけている接着剤（glue）のような感覚で使う方法
です。たとえば、want を使ってみます。

　簡単にいえば、日本語の複合動詞をつくる感覚です。
　例）　見る＋比べる　➡　見比べる／食べる＋始める　➡　食べ始める

　上記の「見比べる」や「食べ始める」は一語の動詞になっており、複合動詞
と呼ばれます。これと同じような動詞をつくる感覚で「to 不定詞の目的格」
を利用するのです。そうすると、無限に自分のほしい英語の動詞を、その場で、
即興でつくりだせるようになります。

```
want + eat    →  want to eat    →  食べたい
want + drink  →  want to drink  →  飲みたい
want + see    →  want to see    →  見たい
want + get    →  want to get    →  手に入れたい
want + play   →  want to play   →  遊びたい
want + buy    →  want to buy    →  買いたい
```

　日本語文法において「たい」は願望を表す助動詞ですが、そんな理解はどう
でもいいのです。英語で「want + eat」という 2 つの動詞が「want to eat
（食べたい）」という簡潔な日本語の複合動詞に対応すると自覚しているだけで
いいのです。

want + eat ➡ <u>want to eat</u> = **食べたい** ➡ 複合動詞と受けとめる

　to 不定詞の to を、不定詞の一部と考えるのではなく、2つの動詞をつないで一語の複合動詞をつくる接着剤の感覚で使うのです。誰がなんと言おうと、ボクは英語が上手じゃなかった頃は、この感覚で to 不定詞を使っていました。それを非難できる人はどこにもいないはずです。その感覚で、フィリピン各地を旅したり、インタヴューしたり、色々な人と話していたのです。実際はそんなものです。

　「君、君は今、I want to eat chocolates. と言ったけど、to eat を want の目的語として、つまり、ちゃんと『食べることを』という抽象名詞の目的語としての感覚をもって言葉にしていたのかね？　それとも、単に、want とeat という2つの動詞を結びつけている便宜的な感覚で言葉にしていたのかね？」

　こんな変な質問をする人が、現実にいると思いますか？　絶対にいません！

　インドの少年たちが特殊な暗算法を使って、複雑な計算をたちどころに解いてしまうことは有名ですが、そういう少年たちに向かって、「アッ、ズルイ！そんな計算しちゃダメ！」と、言えるでしょうか？　同じことです。文法の理解はあとから生まれたもの。あとからつけた解釈にすぎません。

　ですから、to を2つの動詞を結びつけて一つの複合動詞をつくりだす接着剤の感覚で使っても、何の問題もないのです。文句を言える人間などこの世に存在しません。他人の頭のなかの処理法にまで干渉する権利は誰にもありません。アウトプットが正しければそれでいいのです。こうすることで、つまり感覚的な処理法で to 不定詞を使いこなせるようになれば、無限に複合動詞を勝手に生みだせる技術を獲得できます。そのほうがずっと大切で、重大な現実的価値なのです。

　書かれた英語を目で分析的に理解する場合には、このような理解は提案できません。しかし、わたしたちが目指しているのは、日本人がペラペラ英語を話せるようになるための方法を論じているのですから、そのような気づかいはいらないのです。

1．「to 不定詞」の「〜すること」という意味を忘れる
2．「to 不定詞」を使う意識をもたずに使う
3．単に、2つの動詞を to でつなぐ感覚で使う
4．そうすると、2つの動詞を合体した複合動詞が手に入る
5．これで、仮に want が基本なら、無数の願望を表す動詞が生まれる

　この感覚で使える動詞は want の他にもたくさんあります。よく使われるものを列挙します。

I hope to 〜	➡	〜するのを希望する
I wish to 〜	➡	〜するのを願う
I agree to 〜	➡	〜するのに同意する
I need to 〜	➡	〜する必要がある
I learn to 〜	➡	〜するのを学ぶ
I promise to 〜	➡	〜するのを約束する
I offer to 〜	➡	〜する提案をする
I expect to 〜	➡	〜するのを期待する
I pretend to 〜	➡	〜するふりをする
I refuse to 〜	➡	〜するのを拒む

　これらの動詞には、一定の傾向があります。それは、to の後ろの動詞が未来やこれからの動作になることをイメージさせていることです。

第4巻のなかで、to 不定詞を名詞の後置修飾語として使った場合に、to 不定詞は未来のアクションを名詞に与えていることを説明しました（108ページ）。This is coffee **to drink** later. と言った場合には、drink はこれから飲む行為をイメージさせています。ですから、I want to ～ / I hope to ～ と言ったら、want は願望ですし、hope だって希望ですから、当然それらの動作は未来の動作になります。

以上は一般論で、いろいろな参考書でも言及されています。しかし、動詞自体の選別を考える場合には、これらに限定されません。あらゆる動詞が to で結びつけ可能です。表現しようとする文の意味を厳密に考えれば、どんな動詞にも使えるとわかるはずです。自分で判断してください。たとえば；

I **decided to go** to the Moon. 月へこれから行くことを決断した。
I **rejected to accept** his offer. 彼からの提案を受け入れるのを拒絶した。
They **attacked to neutralize** the power plant.
発電所を不能にするために攻撃した。

実際は、未来の動作であれば、どんな動詞でも複合化が可能です。高度な会話をするときは、この事実を知っていなければ必要な表現をつくれません。

> **to 不定詞という意識は忘れていい！**
> **2つの動詞をつなぐ接着剤として to を使えれば OK！**

例外 ➡ 動名詞のほうがいい場合

ここまでが基本的理解です。ここまでの理解を固めたうえで、以下に述べる知識をもつようにします。それは to 不定詞の代わりに、動名詞も動詞の目的

語になれるという現実です。

I want **to drink** milk.
I want **drinking** milk.

to drink = drinking ですから、当然のことです。どっちを使うべきかは自分次第です。非常にかすかなニュアンスの違いが生まれますが、そこを感じながら使い分けられるなら最高です。ところで、以下の文はどうでしょう。何を感じますか？

I enjoy **to play** golf.
I finished **to watch** a movie.

上の例文を読んで、なんとなく違和感を覚えませんか？　もし、「確かに、なんか変だ」と感じられたなら、すでに英語を感覚で捉えるセンスをもっていることになります。文法的には OK なのですが、でも英語ネイティブはこのように表現しません。普通は以下のように言います。

I enjoy **playing** golf.
I finished **watching** a movie.

なぜでしょう？　理由を考えてみましょう。I enjoy 〜 と言って、「今楽しんでいる」ことをアピールしているのに、to play とやったら、これからの動作を暗示してしまい、両方の時間のイメージが合わなくなってしまうのです。また、I finished 〜 と「終わっちゃった」と言っておきながら to watch などと未来を暗示させる目的語を持ってくるのも、なんか変な、矛盾した組み合わせに感じられるのです。

ですから、普通の英文法の本では、to不定詞を目的語に使えない動詞として、enjoy や finish を必ず列挙してあります。**使えないという厳然たる法律があ**

るのではなく、**「変だからダメ」なのです**。だから使わないほうがいいのです。そのような一群の動詞がありますから意識的に覚えておきましょう。

以下の動詞は目的語に動名詞（V-ing）を主にとります。

> enjoy / finish / stop / give up / avoid
> escape / imagine / consider / resist

I stopped ~~to talk~~ to her.　　　➡　I stopped **talking** to her.
　　彼女に話しかけている状態を止めた　→　話しかけるのをやめた

I gave up ~~to keep~~ my position.　➡　I gave up **keeping** my position.
　　地位を保ち続ける状態を放棄した　→　地位を保つのをあきらめた

I avoided ~~to go~~ there.　　　　➡　I avoided **going** there.
　　そこへ向かい続けるのを避けた　→　そこへ行くのを避けた

I couldn't resist ~~to laugh~~.　　➡　I couldn't resist **laughing**.
　　笑い続けるのに抵抗できなかった　→　笑わずにいられなかった

I escaped ~~to join~~ the party.　➡　I escaped **joining** the party.
　　参加している状態から逃げた　→　参加から抜け出した

　すべて、動名詞にしたほうが、進行中・継続中の様子をイメージしやすいのです。これらを六法全書の規定のように「to 不定詞を使えない動詞」と丸覚えするのではなく、「なんか変だなァ」と感じられる自分の言語センスをみがいたうえで、to 不定詞を避けるべき動詞群と意識化できれば最高です。

Point 形容詞に化ける to不定詞

名詞の後置修飾で使う

　to不定詞は形容詞にも化けます。今度はこの説明なのですが、実は、これは、本シリーズ第４巻のなかで十二分に紹介しました。

　英語が名詞を前から飾るだけの言葉ではなく、後ろからも飾る言語であることを様々な角度から説明し、その使い方を詳しく紹介しました。この事実の意識化は、英語の構造を理解するうえで最重要であるばかりではなく、即興で英語を話すための根本的な発想を育てます。

　ちょっと思い出してみてください。ボクが、運転免許ももっていないうちに車を買ってしまった、あの失敗談の例文を。問題は、その後の２つの例文です。

He advised me to get on **the train** ← *arriving* to the station.
We plan to open **a gorgeous boutique** ← *facing* Aoyama Street.

　下線部の日本語の流れは「入ってくる → 汽車」、「青山通りに面した → ブティック」ですが、英語はその修飾の流れが逆転していますよね。「入ってくる」を意味する arriving と、「面した」を意味する facing が飾るべき名詞を後ろから飾っています。どちらも現在分詞という形容詞ですが、形容詞が名詞を後ろから飾るパターンは英語では頻繁に現れます。ここを意識化していない人が多いと思いますので、ぜひ意識化してください。このような修飾法は「後置修飾」と呼ばれ、beautiful → flowers のように形容詞が名詞を前から飾る「前置修飾」に対比されます。

　ところで、現在分詞が形容詞だから名詞を飾っていた事実に気づくなら、形容詞として働く to 不定詞も、名詞を修飾できるんじゃないかな、という気がしてきます。そのとおりです。そういう to 不定詞の使い方が、「**to 不定詞の形容詞用法**」と呼ばれる使い方です。すでに述べたように、これは第４巻で十分述べましたので、簡単な例文だけ出して、注意を喚起しておきます。詳しくは第４巻をぜひ読んでみてください。

cold beer ← **to heal** my throat after work every day
　　毎日、仕事が終わったあと、喉をうるおす冷たいビール
ChatGPT ← **to break** our linguistic environment definitely
　　絶対に、我々の言語環境を破壊する ChatGPT
tea Ceremony ← **to guide** many foreigners into Japanese culture
　　多くの外国人を日本文化に導きいれる茶道
ascension ← **to make** us a big leap to other dimensions
　　我々を他の次元に大きく飛躍させるアセンション

　このように、いくらでも to 不定詞を使って後置修飾をつくりだすことができます。上記の名詞句を主語、補語、目的語に代入すれば、すぐにお洒落な文や知的な文を生みだせます。一つだけやってみましょうか？

If you brush up your English speaking, the effort will realize **ascension** ← **to guide** you to other dimensions for your spiritual evolution in this universe.

もし君が自分の「話す英語」に磨きをかけるなら、その努力は、宇宙における精神進化のために自分を他次元へと導くための → アセンションとなるだろう。

なんちゃって！

Point

副詞に化ける to不定詞

to 不定詞の副詞用法

さあ、カメレオンにも忍者にもたとえられる to 不定詞ですが、最後の化け方は副詞です。まず例を出してみます。

It's easy ← **to swim.**　泳ぐことは、簡単だよ。

easy は形容詞です。その形容詞を to swim が後ろから修飾しています。to 不定詞が後ろから修飾する対象は名詞でなくてもいいのです。ところで、**形容詞や動詞を修飾する語を、文法的には副詞と呼びます。**この品詞の定義はどこの国の言葉を理解するときも同じです。

ですから、上の例文で to swim が形容詞の easy を修飾している以上、to swim は副詞の役目を果たしていることになります。ですから、文法的にはこの用法は**「to 不定詞の副詞用法」**と呼ばれ、to 不定詞の 5 番目の顔ということになります。

潔さが求められる副詞用法

「to 不定詞の副詞用法」の説明は以上で尽きています。「えっ、これしか学ぶことないの？」って、もの足りなさを覚えますよね。

しかし、話す英語のスキルとして、この表現法を受けとめるなら、説明はこれで終わりません。まず、何より、この文構造が逆転モードになっている点を

見逃さないでください。日本語では「泳ぐことは → 簡単だよ！」という流れですが、英語の流れでは「簡単だよ ← 泳ぐことは！」と逆転した流れになっています。It's easy ～ ですから、「簡単だよ！」という結論が先に述べられています。何が簡単なのか、その説明は後回しです。主語も意味をもたない It ですから、なおさら逆転モードが鮮明化しています。

　実は、この言い方は、英語を話すときの必須パターンを象徴しています。英語をしゃべるには、潔い思考と、潔い決断力が絶対に必要なのです。この文型はその力を鍛えてくれます。この表現を会話に多用することで、以下の力が養成されます。

> ●ズバッと言う胆力
> ●相手を恐れない、豪胆な精神力
> ●最初にゴチャゴチャ言わない潔さ

　日本の英語の授業では、こういうことまでは触れないと思います。でも、英語を話すときには、これが一番重要なのです。言葉は思考と直結していますから、思考の中身から言葉が出てくるのでなきゃ嘘なのです。日本人の場合は、こういう表現を会話で多用するなかで、英語メンタルの豪胆さを養ってゆけます。ですから、積極的にこの言い方を自分のものにしてください。実際に、どうやって使うか、その例を出してみましょう。

斬れる英語は、潔い！

サンプルをすこし列挙します。使い方の感覚がわかると思います。

◉二人の友人が話しあっています。一方が、「あの本さ、手に入らなくて困っているんだ」と言ったとします。そうしたら、それを聞いていた友人がこう言いました。英文に訳はつけません。

It's easy <u>to get</u> it if you use Amazon!

◉一方が複雑な数式を口走りました。相手がそれを聞きとれず、「もう一度言って！」と言いました。すると、最初の彼がこう言いました。

It's difficult <u>to repeat</u> once more.

◉ある人が、強引な人物から無理強いされて困惑していました。友人が「断れよ！」と簡単に言いました。すると最初の彼は、困った様子でこう言いました。

It's impossible <u>to say</u> "No" to him.

◉親しい歓談が終わり、一方がこう言いました。「君、また今度、わが家へ来られる？」と。言われたほうがこう答えました。

It's possible <u>to come</u> again.

●ある報道カメラマンが、紛争地帯へ取材に行くと言い出しました。その友人が即座に言いました。

It's dangerous to go there!

●ある人物が、条件のいい提案をもちかけられました。それを聞いた友人がこう言いました。

It's good to accept the offer!

●仲間が、クラブを辞めると言いだしました。友人は慌てて引きとどめようとして、こう言いました。

It's so bad to quit our club!

　これが「to 不定詞の副詞用法」の実際の使われ方です。「to 不定詞の副詞用法」なんて言い方は忘れてください。文法上の名称なんかどうでもいいのです。要は、使えればいいのですから。これは会話の必携話法です。この言い方を頻繁に使うことによって、英語の逆転思考の力を強引に強化できます。意識的に使って慣れてください。

逆転モードと日本人

　文法マニアックになることが英語を学ぶ目標ではないはずです。いくら文法マニアックになっても、日本人が海外に出て、その文法知識を売りこんでお金を稼ぐことはできません。どこの国も、そういうことを日本人には期待していないからです。でも、ペラペラ英語が話せれば、日本人は世界中でお金を稼い

で生きてゆけます。その人の才覚しだいです。ぜひ、そこに気づいてください。

　そのとき要求されるのが、心の次元の英語モードです。英語を話すということは、その環境はすでに日本文化ではなく西洋文化が支配する世界ですから、周囲への日本的な気づかいは無用です。気弱な心で、英語は話せません。世界中の人間が、気弱な人間を好みません。積極的に自己アピールする果敢な人間を好み、そのような人間を評価します。英語を使う環境では、日本人の価値観は通じませんし、日本人の美徳さえ通じない場合が多いのです。

　とくに、相手の気持ちを忖度する発想は、絶対に評価されません。それが尊ばれるのはよほど親しくなった場合だけです。ドライに自己主張したほうが誠実な人間だと評価されます。概して、英語を話す世界は日本語を話す世界の逆の世界になっています。そういう世界を知って、そういう世界に合うように自分を変えてゆくのも結構エキサイティングで楽しいものです。

　英語を話す行為は自己改造と同じです。言葉は言葉だけでしゃべるものではありません。その人のトータルな人格の発露として話すのでなければいけないはずです。その意味で、日本語とはあらゆる意味で逆転した英語を英語の発想で話すことで、本気で自己改造をしてみるのは、「話す英語」を学ぶ正道だと思います。楽しみながらそれをやりましょう！

INDIVIDUAL
ASCENDING
METHOD

第2章

叙述モード　上級篇

世界に向かって、英語で吠える！

第 2 章

Point

時事英語？
チョロイよ！

さあ、ここから上級篇です。どんなことでも、叙述モードで英語は話せることを証明します。不可能だと思っていた次元が、すぐ、手に届くところにあったことがわかります。

恐れちゃダメ！

> 民間業界に対して官僚によって課された様々な規制を排除することは、日本経済復興にとっての最善策です。

この日本語を、すぐに英語で言えますか？

「ちょっと待ってくれ！」と、誰もがあわてて言うはずです。

確かに、このような日本語はまさに新聞に載っている経済記事であり、英語なら時事英語にあたる英語です。こういう英語を話す日本人は限られていると思います。またそれをめざしている人も、多くはないでしょう。でも、一つの道標として、素人がこういう日本語を、即座に、英語でスラスラ言えたなら、叙述モードは確かにすごいという評価になりませんか？ そういう理解のための一つの試みと思ってください。実は、この日本語、赤外線カメラのような叙述モードカメラがあったとして、そのカメラをとおして理解するなら、チョロイ日本語なんです。

　[__ is __]、つまり This is a pen. に対して使う狭義の叙述モードは、「高度な英語を自由に話す方法です」と宣言していました。しかし、まだそれを証明していませんので、それをこれから証明します。**To drink** wine ～ **is** ～ /～ **is to** drink wine ～ というしゃべり方が、あらゆる身近なことを話すための「ぶっ飛びの方法」であることにはすでに同意してもらえたと思いますが、「それだけかよ！」と思っている人も多いと思いますので、その錯覚を解くのがここから始まる第2章の目的です。決して嫌味ではなく、自信を深めてもらうためのデモンストレーションですから、決して誤解しないでください。

　To drink wine ～ も、上記の日本語もなんの違いもないのです。「ほんと？」と思うでしょうが、「はい！」、なんの違いもありません。それをこれからご覧に入れます。

　上記の日本語は難しそうですが、慌てず、よく考えてみてください。

> [民間業界に対して官僚によって課された様々な規制を排除すること] **は**、[日本経済復興にとっての最善策] **です**。

　文の構造は、こうなっていませんか？　これは「～～は～～です」の構文であり、IA メソッドの「2文型」のうちの **SVC**、つまり [～～ is ～～] の文型にすぎません。この日本語を頭のなかで分析して、文がこの構造になっていることを見抜いた瞬間に、この英語はすでに話せてしまったのと同じくらいチョロイことになります。わかりやすく整理すると、以下のようになっているはずです。

> 日本語の趣旨は：　　[排除すること] **は** [最善策] **です**。
> 英語では：　　　　　[To abolish] **is** [the best way.]

　これが見抜けた瞬間に、メンタルなレベルでの英訳は終わっています。心のなかのプレッシャーもすぐに消えます。まさに、「チョロイ！」の感覚でこれを言葉にする作業に取りかかれます。アパホテルの元谷会長がいつも言っています。「勝ってから戦え！」と。まさにその感覚に似ています。上記が見抜けた段階でメンタルな作文は終わっています。

　全体を英語に直すと、以下のようになります。

[**To abolish** excessive restrictions / imposed by bureaucrats / on the private business sectors] **is** [**the best way** / to bring about / economic recovery / of Japan.]

【用語】 abolish：廃止する・撤廃する、excessive restrictions：過剰な規制、impose：課す、bureaucrat：官僚、private business sector：民間業界、bring about：もたらす・引き起こす、economic recovery：経済復興

　難しそうに見える英語ほど、to 不定詞、つまり叙述モードの出番なんです。これがわかると、英語への恐怖など消えてなくなります。だって、しょせんは[＿ is ＿]なんですから。この文を逆にしても、同じ意味の格好いい英文ができますよ。

　[**The best way** to bring about economic recovery of Japan] **is** [**to abolish** excessive restrictions imposed by bureaucracies on the private business sectors.]

【文法的分解】最初の流れのままで分析してみます

[**To abolish** excessive restrictions imposed / by bureaucrats /
　主語＝to不定詞　　　　to不定詞の目的語　　　　後置修飾　　　　前置詞ユニット

on the private business sectors] **is**
　　　　　　前置詞ユニット

[**the best way** to bring about economic recovery / of Japan]
　　補語＝名詞　　　　　　to不定詞を使った後置修飾　　　　　前置詞ユニット

民間業界に対する官僚の過剰な規制を**撤廃すること**は、日本経済復興にとっての**最善策です**。

※**単語の問題は別次元の問題**：これは本質的にはその人のプライドの問題であり、プロ意識や志の問題です。覚える作業は自分にしかできないのですし、自分の使命感をどれだけ強くもっているかによって左右される問題です。

※**とはいえ、一つ有効なアドバイス**：ボクがフィリピンで新聞記者をしていたときは、毎日違う中央官庁へ出かけ、毎回違う役人にインタヴューしていました。一昨日は教育省中等教育課長、昨日は麻薬取締局の幹部、今日は経済特区の管轄官など、ありとあらゆる役所の責任者に取材に行っていました。毎回、毎回、取材内容が違うので、その日の取材に合わせて、自分の質問に必要な専門用語を10単語くらい事前に丸暗記して向かいます。そしてその範囲で取材してきます。毎回そんなことをやっていると、自然に広範囲の専門用語が自分のものになりました。そして、結構なんでもしゃべれる単語力が身についてゆきました。

※**そういうやり方で、単語は増やせばいい**：いつ使うことになるかわからない、しかもリアリティーのない何百もの英単語を一気に暗記し、それをつねに忘れず記憶しておいて、必要なときにふと口から出せる人間なんていないと思います。そういう単語への取り組みは非現実的です。今自分が話したいと思っている領域の用語を少しずつ増やし、興味ある領域も少しずつ広げてゆけばいいと思います。そういう努力でしか専門的な単語は増やせません。ですから、ここに出てきた単語に打ちのめされないでください。これはただのサンプルにすぎません。

　それにしても、英語は第4巻で述べた後置修飾だと思いませんか？　つまり逆転モードが意識化され、それが血肉化されていないかぎり英語は絶対にしゃべれません。ぜひ、再認識してください。

ええッ、中東問題もいけるの?

　今、この本を書いている時点で世界の注目を集めている時事問題は、パレスチナのガザ地区における、イスラエルとハマスの間の戦いです。シリアスな問題ですが、ちょっと触れてみます。国際政治だろうが軍事だろうが、英語の処理法自体はなにも変わりません。

> ガザ地区におけるイスラエルとハマスの戦闘の起源を知ろうとすることは、1948年から、イギリスからパレスチナ人領地に入植してきた奇妙なユダヤ人の歴史を、我々は思い出さざるをえなくする。

　こういう国際問題を論じるのが好きな人は、日本中にたくさんいると思います。またそのくらいの見識がなければ絶対にまずいでしょう。でもそれを英語で論じられるかと聞かれるなら、ほとんどの日本人は口を閉ざし、下を向いてしまうはずです。でも、それじゃいけないのです。世界中の人間が、こういう問題を日常会話として英語で議論しているのですから。この点に関するかぎり、日本人は完全に子供です。ボクは、これこそ日本国民の深刻な屈辱だと思うのです。こういうことを当たり前のように、英語で話しあえる国民にならないかぎり、日本人の様々な権利が侵され、奪われてゆくことになると思っています。でも、我々はすでに叙述モードと拡大モードをもっています。両メソッドを使って、これを英語で話すことに挑戦してみましょう。

> *You know ~*, **to know** the origin of this fierce battle between Israel and Hamas in the Gaza Area **will---**, *you know*, **make** us notice the strange history of Jewish settlement in the Palestinian territories from England since 1948, right?
>
> あのさ、ガザ地区でのイスラエルとハマスのこの激しい戦闘の起源を知ることはさ、つまりさ、1948年からはじまった、イギリスか

> らパレスチナ人領地への奇妙なユダヤ人入植の歴史にさ、気づくことになるんだぜ、だろう？

　日本語自体は十分くだけた巷の国際問題談義になっているはずです。そして、それに対応する英語も、[to know ~ will make ~] と主語も to 不定詞で始まっています。これが新聞記事ならこういう書き方はしないことはわかっています。でもこれは、国際問題が大好きなオジサンたちの「話す言葉」による時事談義ですから、これで十分立派な時事英語です。文句など、誰もつけられません。単語的にも、難しい単語は使われていません。

　[to know ~ will make ~] の構文が嫌なら、ちょっと工夫してもいいですよ。次は、ちょっと話し方を変えたバリエーションです。

> *You know,* [**to know** the origin of this fierce battle between Israel and Hamas in the Gaza Area] **is a very complicated problem** in the world.
>
> Because, *you know,* [**to know** that, **it will bring** us **back** to the strange history of Jewish settlement in the Palestinian territories from England, that started from 1948, right?]

【解説】
- この場合は、文が２つにちょん切られています。しかしなんの不自然さもありません。
- どちらの文も、主語が [to know ~] で始まっている点は同じです。
- ただ、２番目の [to know ~] が it で言い換えられていて、耳にはわかりやすくなっています。
- 「それを知ることは、〜我々を〜の歴史に連れ戻す＝歴史を思い出させる」と、ちょっとお洒落な言い方をしただけです。余裕があれば、こういう話

し方も即興でやってみてください。

- between A and B とか、in the Gaza Area とか、started from 〜 とか、前置詞ユニットや後置修飾が連発されています。使われているスキルはそれだけです。
- 難しい単語は、この場合 settlement ＝入植 だけでしょう。
- このテーマには少々解説が必要です。パレスチナへのユダヤ人入植の歴史は古く、起源は19世紀後半にまで遡ります。その後波状的にロシアや東欧から入植は続いたのですが、第二次大戦後、1947年の国連分割案を経て、イスラエルという国家が建国されたのは1948年のことでした。しかしこの国連決議の裏では当時のイギリス政府が自国内のユダヤ人を国外へ厄介払いするために、アメリカと密約を交わし、パレスチナ人を犠牲にしてイスラエルという新国家をつくったのです。歴史はつねに表向きの歴史とはほど遠い裏事情や密約によってつくられます。本文の話題はそういう背景を踏まえた議論の一端と理解してください。

　以上、目で読むと難しいと感じるかもしれませんが、この英語を実際に声に出して語り、それを聞いていると、とても平易な口語英語になっていることがわかります。話すときの問題は、後ろにどんどん修飾語を加えてゆく英語のロジック、つまり逆転モードが身についているかどうかの問題だけです。この程度のスキルで、たとえ国際問題でも、このように英語で論じられるようになります。「時事問題？　チョロイぜ！」と言ったのは、嘘ではなかったでしょう？

Point 科学技術も、チョロイよ！

量子物理学を論じると

　科学や技術は、確かに、専門用語（technical term）が立ちはだかります。それらを知らないと、どうにもなりません。日本人の一番弱い部分は、中学理科の内容を英語で話せないことです。中学で習う理科の知識は、一生を生きてゆくうえで非常に大切です。ボクは根っからの文系人間ですが、中学の理科は大好きでした。ものごとを科学的に考える素養をそれらの基礎知識で養われたと感じています。ともあれ、日本人なら誰でも、中学理科の知識をどのようにでも日本語で話せます。

　二酸化炭素だの、光合成だの、遺伝子だの、有機化合物だの、突然変異だの、有害電磁波だの、水の電気分解だの、環境破壊だの、酸素だの、水素だの、火山の噴火だの、無数の言葉がありますが、日本語ならなんの苦もなくこれらの言葉を使って会話ができます。

　でも、今述べた理科用語を、いくつ英語で言えますか？　順番に、以下のようになります。

carbon dioxide / photosynthesis / gene / organic compound / mutation / harmful electromagnetic waves / water electrolysis / environmental destruction / oxygen / hydrogen / volcanic eruption --- 何個言えました？

「ヤバイ！」と、誰もが思うはずです。ということは、これらの用語が交ざっ

た会話は、英語ではできないということになります。ここが、確かにヤバイのです。ここで、日本人は、世界のなかで中学生以下にされてしまうのです。英語国民にとっては、これらの言葉はまさに中学理科レベルであって、なんの苦もなく使える言葉ですが、日本人にとっては別世界のことになってしまいます。

確かに、単語力は、世界のなかで日本人が大人として振る舞うときには絶対条件ですが、とりわけ理科用語の英単語は必須項目です。細かい文法知識より重要だと思います。いっそ日本中の大学入試は、私立も国立も、理系も文系も、理科用語の丸暗記だけにしてしまったほうがいいくらいです。そう思うほど、中学理科レベルのことを英語で話せないという日本人の弱点は、致命的だとボクは考えています。

まあ、そこを意識化してください。課題は各自が克服するしかありません。

とはいえ、ここではそこを踏まえたうえで、また挑戦してみたいと思います。

> 古典物理学や相対性理論の枠を超えた量子物理学を理解することは、22世紀に向かう科学に我々が入っていくときの入り口の一つである。

このままでは「ヤバイ」ままですよね。だから、用語の問題は解決しておきましょう。

古典物理学：Classical physics、相対性理論：Theory of relativity、
量子物理学：Quantum physics

さあ、そのうえで、上記の日本語に取りかかりましょう。再びこの日本語を叙述モードカメラで見てみると、**「〜を理解することは、〜の入り口の一つである」**ということがわかります。一般的に科学や技術の知識は、SVC で表現されることが圧倒的に多いんですが、ここもまた、まさにそのとおりになって

います。

　少しは、もう、「チョロイ！」って、気がしませんか？　そのとおりなんです。なんの問題もありません。

> [**To understand** Quantum physics that goes beyond the confines of Classical physics and Theory of relativity] **is** [**one of the gateways** as we move into the science of the 22nd century.]

　もうできちゃいました。英文中の confine は領域という意味です。「チョロイ」以前でした。でも、to 不定詞ばかり主語に使うのは嫌だなァ～と思っている人は多いと思います。そういう人には、以下のような言い方をおすすめします。

① [**Understanding** Quantum physics that goes beyond the confines of Classical physics and Theory of relativity] **is** ～～

② *We know that* **understanding** Quantum physics that goes beyond the confines of Classical physics and Theory of relativity **will be** ～～

③ *Many people in the world already realize that* [Quantum physics that goes beyond the confines of Classical physics and Theory of relativity will be ～～

　こういう硬い内容を口頭で話す場合は、接続詞の that は全然不自然ではありません。むしろ、耳で聞いて文構造を即座に理解できるので歓迎されます。こういう感じで文頭を飾れば、もう、いつでも to 不定詞で話しだす「変な

奴」と思われなくて済むでしょう。誤魔化して格好つけるのはいくらでもできます。本質的にはこの文は ［__ is __］なので、そこさえ押さえておけば、どうにでもなります。

　量子物理学だ、古典物理学だ、相対性理論だなんて、言葉の「こけおどし」でしかありません。これらの英単語になじんでいれば、これらの英語はとてもやさしい英語にすぎません。まず、この事実を押さえてください。どんなことでも、簡単に、簡単に、と考えてゆくことが大切です。

This is a pen は、やはり魔法だった！

　自分の本棚から、自然科学の本を1冊とりだしました。神経学者の藤田哲也（せつや）先生の『心を生んだ脳の38億年』という本です。この本をあまり深く考えず、何気なく開いたのがたまたま16ページでした。そこに書かれてあることを、ちょっと順番に抜き出していってみます。

> 38億年前の原始地球上に有機分子が安定して存在しうる条件が整って、始生代が始まります。

38億年前の原始地球上に有機分子が安定して存在しうる条件が**整ったことが**、始生代の**始まりだった。**

> 生命を担う分子グループが出現するようになってから3億年ほどで単細胞生物が創造されたのは、驚くべき速さだといえるでしょう。

生命を担う分子グループが出現するようになってから3億年ほどで単細胞生物が**創造されたことは、驚くべき速さである。**

> しかしその後、35億年前に成立した嫌気性バクテリアから脊索動物の出現まで、原生代の約29億年の歳月がかかったのです。

しかしその後、35億年前に成立した嫌気性（けんき）バクテリアから脊索動物が**出現するまでに要した時間は**、原生代の**約29億年**だった。

> その間に、感覚運動をつかさどる細胞機構が発達し、動物細胞が進化しました。

その間に**発達したものは**、感覚運動をつかさどる**細胞機構であり**、**進化したのは動物細胞**だった。

　何が言いたいのか、たぶん、想像がついていると思います。四角で囲った部分は藤田先生の著書から順番に抜きだした内容です。そして、その下が、ボクが趣旨を変えずにアレンジした内容です。太字にした部分は、抜きだした部分が「〜は〜です」、つまり［__ is __］の文型に対応していることを示すためにそうした部分です。

　以上を踏まえてこれらの箇所を見直すと、すべての表現内容が、「〜は〜です」にきちんと言い換えられていることがわかります。つまりどんなに表現を飾っていても、メッセージの本質は、英語にすれば［__ is __］にすぎないと分かります。人間の思考が高度で複雑になればなるほど、その思考内容はその人間の認識の表明になりますので、それは［__ is __］なのです。

　もう少し難しい部分に挑戦してみましょう。次の文です。

やがて多細胞動物が出現すると、感覚や運動機能を専門的に分担遂行する細胞、たとえば感覚細胞やニューロン（神経細胞）や筋肉細胞が分化するようになりました。

　これは少々難しそうです。なぜなら述部が「分化するようになりました」とbe動詞に対応していないからです。でもこの文の言っていることをよく読むと、やはり、次のように「〜は〜です」のパターンに言い換え可能だとわかります。

やがて多細胞生物が出現して**起こるのは**、感覚や運動機能を専門的に分担遂行する細胞、たとえば感覚細胞や神経細胞や筋肉細胞の**分化である**。

　このような作業は、どんな領域の文を調べても、同じ結論に達します。これが学問の実体のようです。人間のすべての高度な知的成果は、高度であればあるほど、その本質は、何かを何かに同定、同置することであり、そうしないと人間の知的成果にならないのです。そして、知的成果である限りは、その本質は「〜は〜だ」のロジックに収まるのです。これを、ボクはおどけて、**「This is a pen は魔法だ」**と称しています。

　ですから、英語をしゃべろうとするとき、その内容が［ __ is __ ］の文型に還元可能なら、すべて［To ~ is to ~］の表現形態に還元可能であるということになります。上記の最後の抜き出し部分とて、英語に還元するなら以下のようになります。

[**The resulting phenomena** caused by the emergence of
　　　　　帰結する現象
multicellular organisms] **was**
　　　　多細胞生物
[**the differentiation** of cells specialized in <u>sense</u> and
　　　　細胞の分化　　　　　　〜に特化した　　　　感覚
motor functions like sensory cells, neurons and muscle cells.]
　運動機能　　　　　　　　　感覚細胞　　　神経細胞　　　　　筋肉細胞

　あんなに難しそうだった科学的な文も、ちゃんと ［＿ is ＿］に収束してい
ます。ですから、難しいことを英語で話すときは、［＿ is ＿］で捉えられる
かどうかをまず確かめればいいのです。to 不定詞を使うかどうかよりも、
［＿ is ＿］の定規をあてられるかどうかが先です。そのうえで、to 不定詞が
使えるかどうかを考えればいいでしょう。

　以上が、「科学技術も、チョロイゼ！」の証明です。

Point

社会思想？
チョロイってば！

大金もちが、たくさんいるらしい

　今は異様な時代です。異様さが極大化した時代ともいえます。「今度は何を言いだすんだ？」と、思っているかもしれませんね。なんだと思います？　ボクは、本当に異様だと感じています。気持ち悪い、と言ったほうがいいかもしれません。

　インターネットは確かに便利です。いい検索ワードを打ちこむと、たちどころに的確なデータや情報が画面上に現れます。「世界の富の偏在」というワードを打ち込んで、すぐに出てきたデータの一つが、まさにそれで、しばらく思考が止まるような驚きでした。内容を紹介します。

　2017年1月発表のデータです。ソースは国際 NGO の Oxfam です。それによると、世界で最も富裕な人物 8 人の個人資産総額と、世界人口の最貧層から数えた36億7500万人、つまり約37億人分の資産総額がほぼ同額だというのです。言い換えれば、世界で最も富裕な上位 8 人の個人資産の総額が、人類総数の下から半分の人間の資産総額と同額だというのです。8人＝37億人。目がくらんできませんか？　思考がフリーズしませんか？　この世の経済システムが何を意図しているのか、わからなくなりませんか？　人間の歴史というものが、なんなのか、わからなくなりませんか？　いえ、人間とも、人類とも呼ばれる生き物が一体何をめざして生きているのか、わからなくなりませんか？　人類は何に向かって進化しているのでしょう？　ボクは、完全に、わからなくなります。

　富裕な人間も、貧しい人間も、両方が意識していないもっと別次元の底流があって、その底流に踊らされているような気がしてなりません。人間の生活は、日々、つつましく進行しますが、そういう次元からのどうにもならない巨大なうねりのようなものがあって、しかもそのうねりは見えることもなく、捉えることもできませんが、しかし人類丸ごとを呑みこんで、確かにうねっているのです。そういう別次元の何かを想定しないかぎり、「8人＝37億人」などという狂気の現実は、正視もできないし、理解もできないような気がします。我々人類は、今、想像を絶する現実のなかに生きているようです。

　違うデータによると、世界の超富裕者の46％が米国に、7％が英国に、6％が日本に、5％がフランスとドイツに住んでいるそうです。中国だって4％です。そもそも8人のなかにはビル・ゲイツやマーク・ザッカーバーグも入っていましたが、ビル・ゲイツの個人資産はこのデータの時点で750億米ドル。つまり当時の日本円で約8.5兆円。しかしこの数字は現在までにさらに膨らんでいるので、最新の数字ではビル・ゲイツの個人資産は15.8兆円。しかも最近この傾向はさらに加速していて、イーロン・マスクの個人資産は約27兆円、世界最大の長者ベルナール・アルノーの個人資産は31.6兆円だといいます。ちなみに、日本の一般会計予算は114.4兆円です。

　ですから日本にも100億円くらいもっている人間はゴロゴロいるという言葉には、妙なリアリティーがあります。嫉妬という感情は絶対にもちたくないので、そういう感情の抑制はきちんとしたうえで、以下の英語の話に入っていきます。

　まあ、世界を論じても始まらないので、日本国内の100億円くらいをもっている人々のお金をイメージしながら話を進めます。仮に100億円をもっている人がいたとして、その人が自宅にその100億円の札束を積んで、それに囲まれて暮らしているなどということはないでしょう。ですから、そういう人はみな、資産を銀行に預けてあるか、不動産や株券等でもっているはずです。つまり、それらの資産額はいわばバーチャルな価値で、日常で使う資産ではなく、架空

の数字ということもできます。それらはみなデジタルな数字として社会や世界を流動しています。

しかしデジタルとはいえ、その一部を換金すれば現実のお札に化けますから、個人がそれをもっているという現実は金融システムが正常なかぎり崩れません（でも、いつでも崩れます）。またそれゆえにこそ、社会の信頼や約束も担保されています。しかし、そのデジタル化して存在している個人資産の総額丸ごとが現金化されることなどは絶対になく、たとえ死亡しても、その半分近くはデジタルのまま国庫に還流してゆくでしょうから、やはり、富ないし資産はバーチャルな存在だともいえるわけです。

人間は、半分はバーチャルな架空世界で生きているようです。

漂流する社会資産

まあ、一応個人名のタッグはついていても、全体としてみれば無記名のデジタルな数字でしかない社会の流動資産を drifting social wealth と呼ぶことにしましょう。この言葉を使って、以下の内容を英語でどう表現するかを考えてみます。まずは、日本語です。

> つまりさ、そういう漂流する社会資産をさ、22世紀に向けた新しい時代を導く先端技術に向けてね、投資するってことはさ、とっても価値あることなんだぜ。

こういう感じの会話をしているとしましょう。会話としては少しも変ではないし、もうこの程度の内容なら、どう話せばいいか、即興で見通しが立つのではないでしょうか。

メッセージの骨格は、

> 「投資すること**は**、価値あること**です**」
> To invest ~ **is** so valuable.

ですよね。一気に、型どおりに、スタンダードな英語にしてみましょう。

[**To invest** drifting social wealth in cutting-edge technologies that will lead us into a new era of the 22nd century] **is** so valuable.

　素直な英語です。企みはありません。知っておくべきポイントは、「投資する」は to invest ~ in、「先端技術」を cutting-edge technology ということぐらいでしょう。日本語でも「エッジの効いた」などといった言い方をしますが、似たような表現です。関係代名詞の that が使われていますが、嫌味はありません。こういう真面目な英語を話す場合には自然です。使いたくなければ、次のように、2つの文にちょん切って話せばいいだけです。

[**To invest** drifting social wealth in cutting-edge technologies] **is** so valuable.
Such technologies will lead us into a new era of the 22nd century.

　このくらいの操作は、瞬時にできるはずです。これでもいいんです。

> どんな場合でも、「to不定詞で表現できる」、
> この確信をもつことが一番大切です。

　元に戻って考えます。to 不定詞を使った核心部分が主語でしたが、これを、今度は補語にして使ってみます。すると、次のように話せば自然な英語のなかで補語になるはずです。「To invest ～ in」は、[__ is __] の文構造が It's ～ と切りだされたことで、この文のなかで、補語としてきちんと収まっています。

It's so valuable and hopeful
[**to invest** <u>drifting social wealth</u> in cutting-edge technologies that will lead us into a new era of the 22nd century.]

　今度は目的語にして使ってみましょう。たとえば、次のような切りだしをすれば、「To invest」は目的語になりませんか？

I recommend you seriously
[**to invest** <u>drifting social wealth</u> in cutting-edge technologies that will lead us into a new era of the 22nd century.]

　ネッ！「To invest ～ in」は recommend の目的語になっていますよ。文は SVO ですから、その V を他動詞にするだけで、「To invest ～ in」はきちんと目的語になります。

　今度は、補語のなかの、単なる長い後置修飾語として使ってみましょう。

It's a wonderful idea
[**to invest** drifting social wealth in cutting-edge technologies that will lead us into a new era of the 22nd century.]

「あれッ、全部、ふつうの英語だ！」と、思いませんでしたか？

　to 不定詞から始まる名詞句を、どこにもっていこうが、どこで使おうが、SVC と SVO の 2 つの文構造の基本骨格さえ押さえておけば、即興で、思いついた単語からしゃべりだしてゆけます。to 不定詞から始めれば、自分が今、主語をつくっているのか、補語をつくっているのか、それとも目的語をつくっているのか、そこさえ意識していれば、名詞のカタマリという現実は崩れませんので、どんなに即興で話しても、文法から外れることはありません。to 不定詞を使うことの最大の価値はそこにあります。

これが、英語で饒舌（じょうぜつ）な話し方をする秘訣です。

　本当にこみいったことを話す場合や、少々高度な内容を話す場合は、話す英語でもこのくらいの文法的戦略やスキルを意識化していないと話せません。でも逆の言い方をするならば、ここさえ押さえておけば、どんなことでも話せるということです。あとは、そもそもの自分の知識や主張の問題であり、単語の問題ですから、怖れる必要はありません。一歩一歩、築いてゆくだけです。

　頭のなかで、話すべきことを全部用意してから話すのはダメなのです。細部まで用意しようとしたら、英語は口から出てゆかなくなります。まず、完全に自分のものになった専門知識があって、このような話すスキルを意識化さえしていれば、この程度の英語はいくらでも即興で口から出てゆきます。

◉いきなり、ぶっつけ本番で、逃げ場のない状況をつくり、頭をフル回転させながら、しかし、軽いノリで話しだせば、どうにでもなります。
◉それを支えてくれるのが、自分で使いこなせる単純化された文法知識です。
◉それこそが、叙述モードです。

その本質は、以下に尽きます。これが、高度な英語を話す力の中身です。

◉to 不定詞から始まる名詞句を、即興でつくれるかどうか
◉使う文型を2文型にまで絞りこんでいるかどうか

Point 英語の話し方

実際に、どうやって話すの？

　英語を話すには、場数を踏まなければ絶対にわからないルールがあります。それをこれから紹介します。実際の話す英語は、ラジオの株式市況のように一定の速度で話したり、しかも高速で話したり、感情をこめないで原稿を読むような話し方をしません。少し妥協して、TV でニュースを伝えるアナウンサーのような話し方も、絶対にしません。そういう話し方をしたら「???」と疑念を呼びます。流れるように話せないことを悔しがる理由は、どこにもありません。感情を乗せない話し方は、英語の話し方ではないのです。

> *It's   so ~ valuable ~ and hopeful ~*
> それはサァ～、　　価値があって、　　有望なことなんだぜ！
>
> [*to ~ invest ~~,   you know,*
> 投資するってことは　　　サァ～！
>
> ➡ drifting social wealth, *you know,*
> 　社会に漂流する富をだよ！
>
> ➡ in ~~ cutting-edge technologies
> 　　　先端技術に　　　　　　　　　　だよ！
>
> ➡ that will lead us　into a New Era
> 　その先端技術ってのはさ、我々を新時代に導くんだ！
>
> ➡ of the 22nd century!]
> 　22世紀に向けてだぜ～！

目で読むと難しそうな内容でも、こうして話すと、聞いてわかりやすい英語になります。

極端な説明の仕方をしてみます。英語を話すときは、**誇張して、大切な単語へのアクセントをつけて、間合いをたっぷりとって、相手の目をしっかり見て、身振り、手振りを大げさに使って**、最重要のことを相手に**恩着せがましく**、さも教えてやるような感じで強調して、しかし善意丸出しで、顔にはいっぱいの**笑みを浮かべて、声に抑揚をたっぷりつけて、言葉にあふれんばかりの感情を注ぎこむようにして〜**、そうやって話すんです！　大袈裟かな？　絶対、大袈裟ですよね。

そして、**各フレーズを、つけ足すようにして話す**のがコツなんです。
それが**後置修飾の話し方**のコツです。

最初に発する言葉や情報がより重要です。後ろにゆくほど、どうでもいい内容になってゆきます。聞き手は、話される順番にその内容をイメージします。そして頭のなかで映像を構成しつつ聞きますので、話が展開すればするほど、その映像はディテールのあるものに変わってゆきます。つまり、**聞き手は、耳で聞きながら、頭のなかでイメージや映像をつくりながら人の話を聞く**のです。

ですから、話す方も、聞いている人の頭のなかをちゃんと把握して話してあげるべきです。言い換えれば、聞き手がイメージ構築をしやすいように、それを助けてあげるようにして話すのがベストです。そういう**双方の心理的なシンクロナイゼーションが成立している**ときに、話す言葉は、**話し手と聞き手の間で共鳴を起こします。**

ですから、**話すほうには何よりも、心の熱量が必要**です。

表情を変えずに、ニコリともしないで話すのは英語の話し方ではありません。第1巻で詳しく説明しましたが、**英語は日本語よりはるかに強い感情表出を求**

める言語です。ここから、次のような結論が導きだされます。

常識への反論

「**長い主語はよくないよ**」などと言われます。確かに、そういう一般論はあります。しかしそれは、書く英語に関する一般論で、**話す英語にも言えるアドバイスではありません。**

　英語を話す場合は、すでに説明したように、間をおいて、感情をこめて、相手の目をちゃんと見て、身振り手振りを使いながら話しますので、今触れた「常識的アドバイス」は何ほどの意味ももちません。

　to 不定詞を多用する話し方、とりわけ主語や補語を to 不定詞で切りだす話し方には強烈なインパクトがありますから、そのインパクトを活かした話し方を意図的にするべきです。その意表をついた話し方は、聞いている相手や、聞いている人々の心を強烈に惹きつけます。ですから、自信のない月並みな話し方は逆効果です。

　英語の感覚やロジックでは、**控えめに、謙遜して話すのは評価を受けません。日本的に、自己を抑制しつつ、周囲の意向を気にしながら言葉を出す話し方は、不自然すぎます。「自信もないのに、なんで我々に話すの？」という疑問を呼びます。**英語を話すときは、必ず頭を切り換えてください。日本人であることを忘れて、一人のポジティブな人間として、自信をもって自説を話すのでなければ、誰も聞いてくれません。誠実だとさえ思ってくれません（ボクはここに、自閉を強いる日本文化の闇を見ています）。

　この唖然とするほどの、評価基準の違いを知るべきです。英語ロジックで生きている人々は、他愛もないほどに、**単純明快な価値観**でものごとを見ます。**バカバカしいほどにドライで、シンプルな価値観で生きています。**それが英語感覚です。しかし、これには、慣れるとすがすがしさがあります。風通しのよ

さがあります。別の人類を見つけたような驚きと、喜びがあります。そこが素晴らしいのです。それはそれで、いくらでも深い人間的交流を可能にしてくれます。人間と人間は、心と心で触れあって生きている動物なのですから、流儀が違っても、交流自体の奥深さは同じです。**英語ロジックの最大のポイントは、強い自己肯定感です。**それはすなわち、いい意味での自己中心主義です。

　Japanese Way だけが人間の流儀ではありません。

　英語を話すことには、異次元を体験するような新鮮さがあり、多くの発見があります。

「英語を読む」行為からは、そういう世界はわかりません。書かれた英語を読んでいるだけでは、まだ英語の世界に入っていないのです。ぜひそこを理解してください。

　言葉は話せてナンボ。
　英語も話せてナンボ。
　話術はその人の個性。
　話す英語に、自分の個性を乗せてください！

Point

「to不定詞」の ウルトラC

話術の高等テクニック

　昔々、日本がオリンピックで「体操王国」だった頃、つまりオリンピックの体操競技で金メダルを取りまくっていた頃、超難しいテクニックを「ウルトラC」と呼んでいました。今は死語だと思います。マニラの高級住宅地の近くに、「Ultra」という名の狭い土地がありました。この使い方が、今でもピンときません。まあ、それは余談です。これから、「ウルトラC」の話し方を紹介します。

　to 不定詞から表現が始まると、それは名詞句として表現が始まることを意味します。しかし、

It is ~
James went ~
The water generated ~

　などという普通の英語は、主語と動詞、つまりSとVが隣接しています。つまり、主体がどうした、主体がどうなったと、SとVがいきなり判明します。不安のわく余地がありません。それは普通の英語がもたらす心理的反応です。しかし、to 不定詞から表現が始まると、どうでしょう？　どういう心理の違いが生まれるでしょうか？

To go ~
To generate ~

「誰が行くことだ？」、「誰が、どこへ行くんだ？」、「何を生成することだ？」、「何が、何を生成するんだ？」、「ChatGPT のことかな？」などと、無数の疑問や雑念が湧いてきます。

　to 不定詞から始まる表現を耳で聞く場合は、次の言葉が出てくるまでは、次の言葉はまだこの世に存在していませんから、聞くほうにとっては、一定の内容が話されるまで予断を許せない状況が続きます。つまり、どんな話がどう展開するのか、いっさいわからない状況に放りこまれます。換言すれば、強引に不安に放りこまれます。これは、普通の会話では絶対に起こらない事態であり、予想外の事態です。英語ネイティブでも軽いパニック状態に落とされます。

　間違いなく、to 不定詞で切りだされる耳で聞く言葉は、こういう心理的効果を生みだします。ボクは、この心理的効果を熟知したうえで、この話し方を多用していました。

　とくに、自分の意見を述べるとき、自説を主張するとき、スピーチなんかをするときには非常に強い効果を発揮します。聞いている人たちは、意図せず受身の立場に追いこまれるので、話し手の次の一言に注意せざるをえなくなるのです。間違いなく、to 不定詞で語りだすこの話し方は、話術の「ウルトラC」です。

Example

たとえば、誰かと会話しているとします。
次のような英語が、無意識に口から出ました。

To drink ～, you know, some soft beverage ～, anywhere, for example, at a bar, before going back home, of course, alone, after leaving our office ～,

> **一杯ひっかけること**、まあ、何かソフトドリンクでもね、どこでも
> いいんだけど、たとえばバーなんかでさ、家に帰る前にね、もちろ
> ん、一人でね、会社出たあとにさ～

　話される英語の順序のまま訳してみました。これが実際に話しているときの
感じで、聞いているほうも、この順番どおりに、耳から受ける印象で話を理解
することになります。

　to 不定詞から切りだすと、このように、「飲むこと＝一杯ひっかけること」
から切りだされた、長い名詞句が延々と続いてゆくことになります。聞いてい
るほうは、基本はもちろん不安なのですが、しかし、話している相手は友達で
すし、話の内容も楽しそうな内容ですから、実際は、不安ではなく、逆にワク
ワクする期待感で話を聞くことになります。

　ところで、話しているほうは、相手をじらしながら話していることを知って
います。しかし、いくらなんでもじらしすぎかな、つまり、この名詞句で主語
を話そうとしていたとして、「この主語、ちょっと長すぎるかな？」と、思っ
たとします。そう感じたときは、次のような奥の手が使えます。

> [*To drink* ~, *you know, some soft beverage* ~,
> *anywhere, for example, at a bar, before going back home*
> ~, *of course, alone, after leaving our office* ~],
>
> *it's* healing to me !
> それが、オレの癒しなの！

　最初の長い名詞句の全体、つまり「**飲むこと、～～～**」という内容を、改め

て言い直す感じで、「**それ**が、オレの癒しなの！」と簡潔に言うのです。つまり、**長い名詞句を簡潔な it で受け直す**のです。そうすると、聞いているほうには、それまでに長々と説明されて心や頭に浮かびあがっていた映像丸ごとが主語であったことが瞬時にわかり、ストンと、腑に落ちるのです。

　これは話し慣れた人の話し方ですが、ボクはしょっちゅうこの方法を使って会話を楽しんでいました。誰かから教わったものではなく、自然と自分の話法の一部になった話し方です。ボクはちょっと理屈っぽい人間で、論理的な思考に傾きがちなので、自然とこういう話し方になったのだと思います。そういうわけで、長い名詞句の中身はかなり説明的です。それがたとえ会社帰りにソフトドリンクを一杯飲む話だとしても、もちろんこれは単なる作り話ですが、かなり丁寧すぎる説明です。

　ですから、[**To drink ～～～ is ～**] と、いきなり be 動詞に結びつけるのはちょっと乱暴すぎます。聞いてくれている人の耳や思考には過酷すぎます。それで、そこを、[**To drink ～～～**], it's ～～ とやるなら、聞き手の思考にかかる負荷が一気に下がり、話し手が言わんとしていたことの全体が、一瞬で理解されます。

　これは、日常で英語を話している人にならわかってもらえます。ですから、こういう話し方もあるのだということを、ぜひ、覚えておいてください。to 不定詞がらみの、こういう流れのなかでなければ説明できない内容なので、説明してみました。またこのような流れのなかでなければ、説得力ももたせられない説明だと思います。ところで、この話法には、まだバリエーションがあります。

「to 不定詞」の「ぶっ飛び話法」

　この話し方を自分から、「ぶっ飛び話法」と命名しました。即興で、聞き手の注意力を惹きつけ、トークにメリハリをつける、このような英語の「ぶっ飛

び話法」のバリエーションは、まだまだあるのです。それを紹介します。

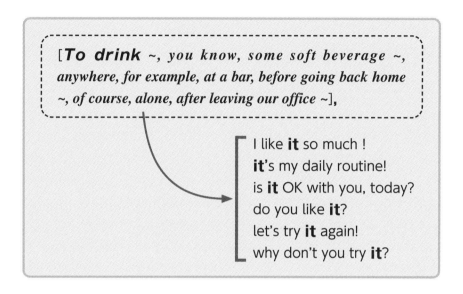

[**To drink** ~, *you know, some soft beverage* ~, *anywhere, for example, at a bar, before going back home* ~, *of course, alone, after leaving our office* ~],

I like **it** so much !
it's my daily routine!
is **it** OK with you, today?
do you like **it**?
let's try **it** again!
why don't you try **it**?

　すべての it が、前段の長い名詞句全体を受け直しています。これは、あくまで現場での話法ですから、その価値を読んだだけで否定することはできません。少なくとも、自分で使ってみたことのない人に否定する権利はありませんのでご注意ください。

I like **it** so much !	オレ、**それ**が大好きなの！
it's my daily routine!	**それ**が、毎日のキマリなの！
is **it** OK with you, today?	一緒に**それ**、やらない？　今日さ。
do you like **it**?	君、**そういうの**、好き？
let's try **it** again!	**それ**、またやろうよ！
why don't you try **it**?	**あれ**、やろうぜ！

　と、結び方はいろいろあります。どのように言い直してもかまいません。しょせん、自分のトークなのですから。具体的な使い方をもう少し、紹介してみましょう。

使い方の具体例

　いろいろな話題のなかで使えます。以下の英語は、完全な話し言葉だと思ってください。

◉海のにおいがプ〜ンとする、新鮮なイカ墨を使ったパエリア、好きですか？ボクは大好きです。マニラのスペイン料理店でよく食べました。日本からの友人などを喜ばせたいときは、よく連れていきました。その魅力を説明するとき、こんな言い方もできますよ。

[**To eat**, you know, Paella cooked with fresh squid ink, will give us a smell of the Sea], do you like **it**? I like **it** so much!

[**食べること**、あのね、パエリアをさ、新鮮なイカ墨を使って料理したやつ、海のにおいがしてくるようなやつ]、君好き？　僕は大好き。

　てな感じです。どこにも不自然さはありません。会話の英語とは、こういう感じの英語になります。

◉この原稿はもちろんコンピューターで書いています。そしてボクは、日本で最初に発売されたワープロを手に入れて文章を書きはじめた人間です。でも、Gadgets（機器）そのものには何の興味もありません。だから、スマホにも何の興味ももてません。ただのオモチャにしか思えないのです。もうこの時点で、時代にキャッチアップできなくなっているわけですが、それでも深刻に悩んではいません。なんて強がりは言いますが、内心は、どうしたものかとジレンマで悩んでいます。本質的に、今進行しつつある文明への嫌悪と不信があるのです。しかし、逃げだすわけにもいかない。PC だって、使っているわけだし。そこがジレンマ。

[**To use a smartphone**, *you know,* to catch up with younger generations, they use Facebook, Instagram, Google Maps, and so on, as a part of their skills, like inborn skills], but for me, **it**'s a dilemma, *you know*?

[**スマートフォンを使うこと**、あの～、なんて～か、若者に追いつくためにね、彼らは、フェイスブックとか、インスタグラムとか、グーグルマップなんかをね、自分のスキルの一部として、まるで生まれつきの能力みたいにしてさ]、使ってるでしょ、**それ**、僕にはジレンマなの、わかるかなァ～。

間違いなくコンピューターは、人類を別の生物にしてしまったようです。それは避けがたい進化の１ページだと思います。でもそれが、お金の力によって、個人の欲望と、お金をもつ者の支配のツールとして使われていることが問題なのです。個人の秘密はすでになくなっています。秘密をもてない個は、すでに個ではないのです。多くの人々はここに気づいていません。人類はどこに向かっているのでしょう。

◉毛筆で書かれた日本の古文書、読めますか？　ボクには不可能です。あのようなものがよく読めるなァと、日本の歴史家や古文書研究者には感嘆を禁じえません。あれで本当に、文字になってるの？　いつも、そんな印象を受けます。でも、フィリピンで、18～19世紀にスペイン人によってペンで書かれたスペイン語の古文書は、スラスラ読めました。文字の判読は全然難しくありませんでした。外国語のほうがやさしいと、本気でそう思いました。

What do you think about, you know ~, [**to read old Japanese documents** written with a brush in cursive styles], **it**'s impossible for me.

どう思う、あのサァ～、[**日本の古い記録を読むことなんだけど**、筆を使って、崩して書かれてるやつ]、**そんなの読むの**、僕には無理よ！

　なんだろう？　ボクは、生粋の日本人。でも、神楽とか、ピーヒャラ、ピーヒャラって太鼓や田舎の音楽、それに、あの衣装、好きになれない。違和感しか感じない。それより、ギリシアの白い石壁の家々とか、青いエーゲ海とのコントラスト、西洋人の家のなかの可愛らしい家具のアレンジの仕方とかに、言葉では言えない次元で郷愁を感じる。でも、今の西洋文明には辟易（へきえき）している。縄文時代にあったはずの何かに救いを感じる。そういう内面の混在した自己の要素に気づくことない？　歴史のにおいの一切ない北海道で生まれ育ったせいかもしれないけど……

●ワケのわからないインボイス制度がスタートした。国民をわざと混乱させ、論理的究明を不能にするために、定義を明瞭に示さない「インボイス」なんて言葉を使って、収入の少ないすべての国民からも税金を二重取りするシステムのように思えてならない。財務省のやり方は姑息すぎる。正当な国家意識によってではなく、完全に、個の倒錯した思惑で動いているとしか思えない。しかもその税収の多くが国外へ流れてゆく。実態は垂れ流しとほとんど同じ。日本は国の底が抜けている。日本の財務省の奥深くには、もっともっとすごい闇があるんだぜ。でもそれは書かない。少なくとも、インボイス制度は多分、これは、亡国への一歩になるだろう。あとで泣いても遅い。

[**To check the reason why** we need to pay another kind of tax under the name of "Invoice System", even from income sources **that** were not taxable before], **it**'s too ambiguous!

[**その理由を調べること**、どうして別口の税金を払わなければならないのか、それをインボイス制度の名のもとに、しかも、以前は課税の対象ではなかった収入からさえもだ]、**これって**、不透明すぎないか？

　税金は国家の根幹なので、闇の在（あ）り処（か）は、必ず国家財源の周辺にある。

●今という時代は、とにかく、狂気の時代です。考えだすとイライラしてきますが、みなさんはどう思っていますか。とりあえず、以下のように罵っておきます。

Okay, you know~, [**to understand the difference** between the Western nomadic civilization and Japanese agricultural civilization, **this difference** resulted in the present critical situation of Japan], *oh my ~,* **it** makes us understood, *you know ~,* we got trapped in the Globalism, goddamn!

【用語】　nomadic civilization：牧畜文明、agricultural history：農耕文明、critical situation：危機的状況、trapped in：罠にはまった

結構、物騒なことを言っていそうですね。でもこのくらいの英語も、即興で、口走れるようになりたいです。

　白熱する議論を交わす場合は、こういう感じで自説を主張しあい、ぶつかりあいます。こういうふうに**自説が長くなった場合、その自説の名詞句を it で受け直すのです。**ここでは、[to understand the difference] を it で受けて、**it** makes us understood. と結びました。this difference 以下は並列の挿入節です。頭のなかでは、自分の話している内容が、**to understand** the difference ~~~, **it makes me understood** というシンプルな構造のなかで処理されていることを絶えず意識しているべきです。そういう文法意識が会話中ももてるようになれば、どんなことでもアウトプットできるようになります。

　でも、まだ使いこなせないからといって、落ちこまないでください。これはあくまでもサンプルです。こういうレベルの話し方も叙述モードの応用でできることをイメージのなかに取りこんでおいてください。上記の英語も、話す英語としてつくりました。実際に声に出して読んでみれば、それはわかります。一番大切なことは、言うべき内容や専門知識を日ごろから、日本語で頭にたく

わえておくことです。

　最後になりましたが、和訳をつけておきます。

　【和訳】 オーケー、あのさぁ〜、[**違いを理解すること**、つまり西洋牧畜文明と日本農耕文明の違いだけどネ、その違いってのがさ、今の日本の危機的状況に帰結しちゃっててさ]、アァ〜、**それがね〜**、気づかせるわけよ、つまり〜、我々はグローバリズムの罠にはまっちゃったってことをね、ホントにもう！

　どうです？　to 不定詞から始まる長い名詞句の効用、すごいでしょう？日本人が即興で英語を話す場合には、絶対になくては困る話法なのです。悪い言葉を最後に使ってしまいましたが、ゴメン！　ご勘弁を！

INDIVIDUAL
ASCENDING
METHOD

第3章

節を使って話す！

この上は、もうない！

Point

まず、確認しておこう

句から節へ

　いくら「話す英語」とはいえ、文法用語を使わずにこれを修得することはできません。ここが外国人のつらいところ！　我々日本人は、英語を学ぼうとするかぎり、外国人です。まして日本語が、母語として頭のなかで鉄筋コンクリートのように固まってしまっている大人にとっては、文法用語を使わずには外国語を効率的に学ぶことはできません。

　というわけで、「話す英語」を自分のものにしようとする我々にとっても、最低限の文法用語は、絶対に必要です。この第 3 章で絶対に意識化しなければならない文法概念が、**「句と節の違い」**です。第 3 章の説明を展開する前に、まずこれを踏まえておきましょう。下の表を見てください。

IA 英語メソッドでの理解の仕方

	名詞句	形容詞句	副詞句
句	名詞句 **英語表現の80%**	（無視する）	（無視する）
	名詞節	**形容詞節**	副詞節
節		**英語表現の20%**	↓ 使用頻度低い
	関係副詞節— when/where/why/how 関係代名詞節— who/that/(which)/what 接続詞が導く従属節— that/etc.		

　一つの文のなかでその文を構成している単位は、①単語、②句、③節に分かれます。単語は１語ですから意識から外してかまいません。意識すべきは②句と③節です。そしてその句と節の働きは、**名詞の働きか、形容詞の働きか、副詞の働きか**のいずれかです。それを一覧表にしたのが前ページの表です。

　本来は句が３つ、節が３つに区分され、合計６つの表現単位を意識しなければなりませんが、**IA メソッドでは形容詞句と副詞句を無視します**。なぜなら、IA メソッドでは名詞句の多くを「前置詞ユニット」という独自の文法概念で捉えますので、**形容詞句のほとんどが「前置詞ユニット」に含まれてしまうから**です。また副詞句は副詞の概念を押さえておいて、自分の使える副詞句を使えばいいだけのことです。ここがどんな表現をも理解しなければならない「読む英語」と「話す英語」の違いです。

　こういうわけで、**句に関しては名詞句だけ意識します**。そして IA メソッドの勝手な理解で、**「英語表現の80パーセントが名詞句だ」**と割りきってしまいます。つまり、「名詞句の使い方さえ修得していれば英語の80パーセントは話せる」と考えます。この理解をふまえて、本シリーズ第１巻からこの第５巻・第２章までを、すべて口頭で名詞句を使う技術として説明してきました。ですから、その説明が前章までで終わったわけです。つまり英語を話すための80パーセントの知識はすでに完了しました。

　そこで、この第３章でやるべきことは残りの20パーセントの知識を獲得することとなります。20パーセントとはいえ、それをこの章だけで終わらせてしまうわけですから、かなり大胆不敵です。大学入試ではこの第３章にあたる部分が一番難しく、受験英語の無間地獄をなす領域ですが、IA メソッドではそれをあっさりやってしまいます。なぜなら、「節」の知識は、今も言いましたように、会話では20パーセントでしかないからです。

　「読む英語」、つまり「書かれた英語」では様々な節が登場し、その理解の仕方が間違っていると正しく訳せません。ですから、当然そこが入試で狙われま

す。しかし、わたしたちの目標は「話す英語」であり、「読む英語」ではありません。「話す英語」では「節」はあまり使いません。使わないものを必死に学ぶ必要はないのです。初心者なら「節」をまったく使わずに話してもかまいません。いえ、話すのが上手な人でさえ、シンプルな会話では「節」は使いません。それが現実です。

　会話で「節」が必要になるのは理屈っぽい議論をするときです。叙述モードの上級篇でやったようなレベルの高い会話をするときに必要になります。しかも、節を使って話す内容でも、文を2つにちょん切って話せば、なんの苦もなくなります。しょせん、その程度のことです。ですから、会話で「節」を使って話す頻度は20パーセントだと断言するのです。この割りきり方さえあれば、英語はペラペラ話せます。受験英語で意識していた「読む英語」の常識を、そのまま「話す英語」に投影しないようにしてください。とはいえ、その20パーセントを使う場合には正しい理解がなければ使えませんので、ここでは、「節」を網羅的に説明するのではなく、話すのに必要な表現パターンに絞りこんで覚えます。例文を真似して英語をつくれるようになれば、それで目的達成です。例文は使い方の「型」だと思ってください。

節とは何か？

　かつて、TVで人気番組だった「水戸黄門」を覚えているでしょうか。若い人は知らないかもしれませんが、江戸時代初期の勧善懲悪の時代劇です。

　水戸黄門のドラマには、黄門様の家来、助さん、格さんという二人の従者が出てきます。彼らが道中を旅するとき、二人は必ず腰に何かをぶらさげていました。キビ団子ではありません。それは桃太郎の話です。助さん、格さんがぶらさげていたのは竹筒の水筒です。どうして竹が水筒になるか分かりますか？竹には節（ふし）があって、節と節のあいだは閉ざされた中空で、両端の節を活かせば真ん中には水を入れられます。誰でもわかりますよね。つまり、竹の両端の節で閉ざされた部分が前後から独立しているのです。節とは、切れ目や

区切れを表す言葉です。

　英文法で Clause と呼ばれる言葉は日本語では「節（せつ）」と訳されます。「ふし」と「せつ」では読み方が違いますが、意味は同じです。一つの文のなかで、周囲から自立していて、そこだけで完結した意味構造を持つ表現のカタマリ、それを「節（せつ）」と呼ぶのです。具体的には、そこに主語と動詞が含まれていて、最低限の文の体裁を整えている言語構造が「節」です。Clause に似ている語に close（閉める・閉じる）がありますが、両方の言葉は語源的につながっています。Clause（節／せつ）は「主語＋動詞」をもち、一定の完結性をもった閉じた表現です。

　こういうイメージをもっていれば、「節」という無味乾燥な文法用語にも親しみがもてるに違いないと思い、説明を迂回させました。これから始まる第3章の目的は、英語を話すときの節という文法単位をどう使うか、そのスキルを身につけることにあります。そのスキルが、英語を話すスキルの約2割にあたるということです。IA メソッドでは、英語を話す行為を、単純に、**名詞句の使い方**とこれから学ぶ節の使い方に割りきってしまいます。そうすると頭のなかが軽くなり、英語をスラスラ話す現実の駆動力が生まれてきます。ここまでの確認をふまえ、句と節の違いを定義します。

> 句：2つ以上の単語の連なりで、一つの品詞に対応する
> 　　　　　　　　　　　　　　　➡　すでに完了
> 節：文の一部でありながら、そのなかに S と V を含む
> 　　　　　　　　　　　　　　　➡　これから学ぶ

　つまり、Clause の使い方に慣れるということは、S と V を含む節を、もう一つの文構造のなかに取りこむ方法に慣れることです。

3種類ある節（Clause）

「節」はその文法的な側面からみて、3種類に分かれます。それが ①名詞節、②形容詞節、③副詞節の3つです。まず、ここをふまえておきましょう。以下にその違いがわかるように、シンプルな例を出しました。

1）名詞節

I know **that Popeye loves spinach.**
僕は、ポパイが、ホウレン草を好きなことを知っている。

> 太字部分が know の目的語で、名詞のカタマリ
> そのカタマリのなかにSとVが入っているので、太字部分は「節」
> この場合の that は接続詞

2）形容詞節

I know men **who loved Olive.**
僕は、オリーブを好きだった男たちを知っている。

> 太字全体が、men を飾る形容詞の役目を果たしている
> その太字部分のなかにSとVが入っているので、太字部分は「節」
> この who は関係代名詞

I know the country **where Popeye was born.**
僕は、ポパイが生まれた国を知っている。

> 太字部分は the country を飾る形容詞の役目を果たしている
> その太字部分のなかにSとVが入っているので、太字部分は「節」
> この where は関係副詞

3) 副詞節

I will take you **where you will see Olive**.

君を、<u>オリーブに会えるところ</u>へ連れていってあげる。

> 太字部分は動詞 will take を修飾しているので、働きは副詞
>
> その太字部分のなかにSとVが入っているので、太字部分は「**節**」
>
> この where も**関係副詞**

以上をまとめると、以下のようになります。

> ● まず、節には①**名詞節**、②**形容詞節**、③**副詞節**の３つある
> ● that は**関係代名詞**で、**関係代名詞節**と呼ばれる「節」をつくる
> ● that には**接続詞**もあり、これも「節」を導く
> ● **関係副詞**という語に注目しよう。これも「節」をつくる
> ● 関係副詞節には、①**形容詞節**と、②**副詞節**の２つある

　このように、「節」を学ぶことは、**関係代名詞、関係副詞、接続詞 that** の学習に絞りこまれます。「節」を即興でつくれるようになると、逆転モード、拡大モード、叙述モードの使用範囲を広げることができます。「節」を IA メソッドの立場から理解すると以下のようになります。

> ● 「節」のなかでも逆転モードが働くので、「節」を使うことは**逆転モード**になる
> ● 「節」のなかは好きなだけ長くできるので、その拡大法は**拡大モード**になる
> ● SVC のSかCに「節」を代入すれば、**狭義の叙述モード**になる
> ● SVO のOに「節」を代入すれば、**広義の叙述モード**になる

　「節」を使えるようになると、複雑なことを話せるようになります。「節」の知識は、叙述モードがめざしている高度な会話を実現するには欠かせないスキルであることは間違いありません。実は、即興で「節」を使って話す技術が身につくと、それがそのまま「書く英語」の力にもなります。それは、必ずそうなる決定的なおまけです。なぜなら、**英作文というのは、話すように書けばいいからです。「話す力＝書く力」**です。英文を書くことは非常に難しいことだと誰もが思っているはずですが、違います。「節」を使って自由に話せるようになっていれば英作文の困難はすでに消えています。

　まずは、関係副詞から攻略しましょう。

節を使って話す！

Point **関係副詞を攻略**

関係詞という語について

　関係副詞という語になじむ前に、**関係詞**という語をふまえておく必要があります。なぜなら、**関係副詞**も、**関係代名詞**も、関係詞だからです。わかりやすく説明すると、以下のようになります。

　わたしたちは今、後ろから前に向かって修飾するパターンを「節」のレベルで使いこなそうとしています。その際に登場する言葉が関係詞です。なぜなら、英語では**「本体＝被修飾語」**を先に言葉にしてしまいますから、その言葉に対する**「説明＝修飾語」**はそのあとに述べるしかありません。その場合、長くなる修飾語がどこから始まるのかを**目立たせてくれて**、同時に「本体」と「説明」を**つないでくれる働き**をもつ語（関係づける語）を**関係詞**と呼びます。

- ●関係詞とは「本体＝主節」と「詳しい説明部分＝修飾節」を関係づける言葉
- ●会話で使う関係詞は、関係副詞と関係代名詞が中心
- ●両方の関係詞を使うと、複雑な修飾内容を話せるようになる

PAGE ／ 125

関係副詞とは？

関係副詞は when, where, why, how

　これらを使って、主語と動詞を含む「節」をこれからつくりますが、その方法の説明に入る前に、なぜこれらの語が**副詞**と呼ばれるのか、そこを理解しておきましょう。「副詞」という語にピンとこない人もいると思います。まずここを理解しておかないと、好奇心が湧いてこないでしょう。

　文法上の定義として、**動詞と形容詞と副詞自体を飾る言葉を副詞と呼びます**。たとえば、

たくさん ➡ 食べる
　　　　「たくさん」は副詞で、「食べる」という動詞を修飾している
もっと ➡ 美しく
　　　　「もっと」は副詞で、「美しく」という形容詞を修飾している
もっと ➡ たくさん ➡ 食べる
　　　　副詞の「もっと」が、副詞の「たくさん」を修飾している

この文法的原則は、英語でも同じです。

I ate ← **much**.　　　　副詞 much は、動詞 ate を修飾
more → beautiful　　　副詞 more は、形容詞 beautiful を修飾
Thank you **very** → much!　　副詞 very は、副詞 much を修飾

　日本語でも英語でも、副詞は語形変化しません。以上が「副詞」という語を理解するときの基本的知識です。**副詞は変化しない短い語。そしてその副詞は、**①**動詞と、**②**形容詞と、**③**副詞を修飾します。**以上が、副詞という品詞の基本

概念です。

　ここまで理解すると、関係副詞という言葉がストンと理解できます。

いつ（when）	➡	食べる	動詞にかかる
どこで（where）	➡	食べる	動詞にかかる
なぜ（why）	➡	食べる	動詞にかかる
どうやって（how）	➡	食べる	動詞にかかる

- ◉ when/where/why/how のすべてが動詞にかかる点で共通している
- ◉ だから、これらの語を「副詞」という文法概念でくくる

　以上が、関係**副詞**という語の、「副詞」という側面の理解です。

関係副詞の使い方

　次は当然、**関係副詞**という語が、どういうふうに英語で使われるのかを理解する必要があります。できるだけ簡潔な具体例を出します。

日本語	英語
私が生まれた ⇨ 日	① the day ⇐ **when** I was born
私が生まれた ⇨ 街	② the town ⇐ **where** I was born
私が働く ⇨ 理由	③ the reason ⇐ **why** I work
私が話す ⇨ 方法	④ (the way) ⇐ **how** I speak

●英訳の、下線部全体が副詞節です
● the day / the town / the reason / the way
　➡ これらを**先行詞**と呼びます
　●how の前の先行詞 the way は省略されるのが普通です
　●why の前の先行詞 the reason は、省略されたり、されなかったりします
●先行詞（名詞）は、関係副詞節によって修飾される言葉です
●この場合、下線を付された関係副詞節は形容詞節として名詞を修飾しています
●上記の「日／英」をよく対比してください。日本語と英語では**修飾の流れが逆転しています**
●英語の**修飾節すべてに主語と動詞が含まれている**点にも注目してください

　これが、関係副詞の実際の概略です。

　ただの「街」ではなく、「私の生まれた街」とか、「20年前に、私が生まれた街」とか、「500年の歴史をもつ私の生まれた街」とか、実際はその「街」

に様々な説明を加えなければ会話は成り立ちません。その場合に、「場所」だけでなく、以下のような様々な情報を伝える必要があります。

誰がいつ～するのか（時）　　　➡　when を使って節をつくる
誰がどこで～するのか（場所）　➡　where を使って節をつくる
誰がなぜ～するのか（理由）　　➡　why を使って節をつくる
誰がどうやって～するのか（方法）➡　how を使って節をつくる

　これらは、丁寧な会話や説明には、なくてはならない必須の情報といえます。これらに触れずに会話を進めることなど、実際はムリでしょう。そんな場合に、上記のような関係副詞が力を発揮するわけです。

　以上が、関係副詞という言葉が英語で必要になる理由です。

　問題はたった一点、「説明＝修飾」の仕方が日本語の流れと逆になるという点です。関係副詞を実際に使う感覚は、**逆転モードのデモンストレーション**に相当します。IA メソッドの総合力が問われるのが「節」を使う場面です。関係副詞を使う場面でそれがもろに問われます。

第3章

Point 関係副詞 ── 制限用法

when を使う

　副詞節が、下記のように名詞を修飾する用法を**制限用法**と呼びます。限定用法とも呼ばれます。副詞節が先行詞の意味を限定するからです。

　副詞節を含む ［　　］ 全体が名詞のカタマリですから、副詞節は以下のように主語にも、補語にも、目的語にも利用できます。

[The day **when I was born**] was May 25.
　　僕が生まれた日は、５月25日だ。
　　[私の生まれた ⇨ 日] ➡ **主語**

Today is [the day **when I was born.**]
　　今日は、僕の生まれた日だ。
　　[私の生まれた ⇨ 日] ➡ **補語**

Maria knows [the day **when I was born.**]
　　マリアは、僕の生まれた日を知っている。
　　[私の生まれた ⇨ 日] ➡ knows の**目的語**

◉左記の［the day **when I was born**］は名詞のカタマリ。
◉太字部分が副詞節で、先行詞を飾る後置修飾節（形容詞節）。
◉よく使われる when の先行詞は、the day, the year, the time など。
◉これらの先行詞は省略されることがよく起こる。後述。

【使い方に慣れよう！】
◉我らが若かりし頃の古き良き時代、それはすべての子にとって、今なのだ。
The good old days **when** we were young is now for every child.

◉彼は、タバコをやめる日を待っている。
He is just waiting for the day **when** he will stop smoking.

◉今こそ我々が愛の次元にアセンションする時だ。
Now is the time **when** we ascend to the dimension of Love.

whereを使う

関係副詞 where の使い方は when の使い方とまったく同じです。

[The town **where I visited**] was Yokohama.
　　僕が訪問した街は、ヨコハマです。
　　[僕が訪問した ⇨ 街] ➡ **主語**

Yokohama is [the town **where I visited.**]
　　ヨコハマは、僕が訪問した街です。
　　[僕が訪問した ⇨ 街] ➡ **補語**

Nobody knows [the town **where I visited.**]
　　僕が訪問した街を、誰も知らない。
　　[僕が訪問した ⇨ 街] ➡ knows の**目的語**

◉[　　] のなかの太字部分は、the town を修飾しているので形容詞節
◉[　　] を交換部品のようにして、**S か C か O に代入する**

【使いこなしてみよう！】
◉**母なる地球は、我々が一時的に離れる地かもしれない。**
The mother earth may be the place **where** we must leave temporally.

◉**我々が幸せになる天国って、心のなかにあるんだよね？**
Heaven **where** we will be happy is in our hearts, right?

◉**人類が今向かっているところをさ、教えてくれない？**
Can you tell me the place **where** Humankind is heading to?

why を使う

同じパターンで関係副詞 why の使い方を紹介します。

　下の太字部分が関係副詞節です。先行詞が the reason で、太字部分の副詞節によって意味が限定されています。太字部分が先行詞を修飾している形容詞節です。

[The reason **why I am working**] is a secret.
　　　僕が働いている理由は、秘密だ。
　　　[　　] 全体が名詞のカタマリで、**主語**

The secret is [the reason **why I am working**.]
　　　秘密は、僕が働いている理由だ。
　　　[　　] 全体が名詞のカタマリで、**補語**

Tell me [the reason **why you are working**.]
　　　君が働いている理由を、教えてよ。
　　　[　　] 全体が名詞のカタマリ、tell の**目的語**

◉省略のパターンに関しては後述

【使いこなしてみよう！】
◉疑問なのは、ドナルド・ダックが、どうして選挙に出ないのかなんだ。
The question is the reason **why** Donald Duck is not running for the election.

◉白雪姫が聞いているよ、どうして日本円が落ち続けているのかってね。
Snow White is asking the reason **why** the rate of Japanese Yen is dropping.

◉なんで我々がコオロギを食べなきゃいけないのかの理由は、陰謀の一部なんだ。
The reason **why** we must eat crickets is a part of the conspiracy.

how を使う

関係副詞 how の先行詞は the way ですが、the way how という言い方は死語とされていて使いません。先行詞の the reason を省略した言い方がふつうです。How のなかに先行詞が含まれていると考えます。その省略パターンも以下のように3通り可能です。

[**How I got success**] is a secret.
　　僕が成功したやり方は、秘密だ。
　　[　　] の太字部分全体が**主語**

This is [**how I got success.**]
　　これが、僕が成功したやり方だ。
　　[　　] の太字部分全体が**補語**

Tell me [**how you got success.**]
　　君が成功したやり方を、教えてくれ。
　　[　　] の太字部分全体が tell の**目的語**

【使いこなしてみよう!】
◉問題は、どうやって自分の国を、周辺の脅威から守るかなんだよ。
The point is **how** we protect our country from the surrounding threats.

◉この欲望の果てから、どうやって脱出すればいいのか、誰も知らない。
Nobody knows **how** to get out of this dead end of Desire.

◉国際政治の現実に、どうやって目覚めるか、それが我々の課題なんだ。
How we wake up to the reality of international politics is our task.

第3章

Point

関係副詞の省略パターン

　関係副詞の先行詞は決まって使われるワンパターンの語が多いので、そういう先行詞は頻繁に省略されます。また、先行詞を省略しない場合は、関係副詞のほうを省略することもしょっちゅう起こります。自分で話す場合には、気分次第で、どっちを省略してもかまいません。

　感覚的には、関係代名詞の目的格の that を省略する感覚とほとんど同じです。逆転モードの感覚や後置修飾の感覚が身についていれば簡単にできます。

when の場合

I remember the time [**when** I met Muhammad Ali in Tokyo.]
　➡ 基本
　「東京で、モハメッド・アリに会ったときのことを覚えている」
　これが基本の言い方。まどろっこしいので下の言い方が好まれる

● I remember [**when** I met Muhammad Ali in Tokyo.]
　➡ 省略パターン
　先行詞 the time を省略した言い方

● I remember the time [I met Muhammad Ali in Tokyo.]
　➡ 省略パターン
　関係副詞 when を省略した言い方

PAGE / 136

　日本語と英語の流れ方が逆転しています。日本語は厳密には、「僕は東京でモハメッド・アリに会ったときのことを → 覚えている」ですが、英語では、「僕は覚えているよ ← 僕が東京でモハメッド・アリに会ったときのことを」。補足的な説明内容は後回しにして話す逆転モードの感覚が発揮されます。

【使いこなしてみよう！】
◉朝とは、我々がくり返し、新しい生を手に入れるときである
Morning is **when** we start a new life again and again.

◉誕生日とは、我々がどこから来たのか、その源を思い返すときである
A birthday is **when** we remember the origine of **where** we came from.

◉シンデレラは、王子がダンスを求めたとき、はっきりと「イエス」と言った。
Cinderella said "Yes" clearly **when** the prince asked her to dance with him.

※アメリカンジョーク
母が言った。オシッコ終わったら、「いつ」って、言いなさいよ。息子は言った。「いつ！」
The mom said. Say **"When"** if you finish pissing. The boy said, **"When!"**

　これは、知識の足しにはなりません。ゴメン！

where の場合

This is the place [**where** I visited in a dream before.] ➡ 基本
　「ここは、かつて僕が夢のなかで訪れたところ」
　これが基本。しかし実際には、耳にはまどろっこしく響く。

◉ This is [**where** I visited in a dream before.] ➡ 省略パターン
　先行詞を省略した言い方。先行詞がないほうが耳にはすっきりする。

◉ This is the place [I visited in a dream before.]
　➡ 省略パターン
　関係副詞 where を省いた言い方。これでもいい。

　例文のような体験をしたこと、ないですか？　ボクは何度もあります。夢のなかで見なかったとしても、初めて訪れた場所で、「ここ、なんか、来たことあるよなぁ〜」と感じたことは、あるでしょう？

【使いこなしてみよう！】
◉君がノスタルジーを感じる場所は、君が以前生まれたところだよ。
Where you feel nostalgia is where you were born before.

◉スモーキング・フリー・ゾーンというのは、喫煙の禁止されているところだよ。
A Smoke Free Zone is **where** smoking is prohibited.

◉君の行きたいところ、どこでも教えて、あの世は別にしてさ。
Tell me **anywhere** you want to go except the other world.

why の場合

　関係副詞 why の省略パターンは常識化しています。先行詞 the reason と why の両方を言葉にした場合は、聞く立場からすると、明らかにくどい感じがします。使える先行詞が the reason に限られていて、why と同じ意味だからでしょう。

This is <u>the reason</u> [**why** I didn't go there.] ➡ 基本
　「これが、僕がそこへ行かなかった理由です」
　一応、これが基本です。書く英語ではかまいません。

◉ This is [**why** I didn't go there.] ➡ 省略パターン
　耳には非常にすっきりした言い方に聞こえます。

◉ This is **the reason** [I didn't go there.] ➡ 省略パターン
　こちらのほうでも、聞いていて耳には自然です。

【使いこなしてみよう！】
◉太郎は、どうして箱の煙が自分に年をとらせたのか、わからなかった。
Taro couldn't understand **why** smoke from the box made him old.

◉独特の哲学が、京セラが一気にビジネスを拡大させた理由だった。
The unique philosophy was **the reason** KYOSERA expanded their business rapidly.

◉政治家はみんな、有権者が自分を信頼していない理由を知っている。
Every politician knows **why** voters never trust him.

how の場合

一番注意しなければいけないのが、この how の省略です。

✕ This is the way [**how** I solved the love triangle.]
　「これが、僕が三角関係を解決した方法です」
　この言い方は死語とされている。下のどちらかを使ってください。

◯ This is [**how** I solved the love triangle.]
　先行詞を省略した言い方。すっきりしています。

◯ This is **the way** [I solved the love triangle.]
　関係副詞 how を省略した言い方。これでもいい。

この例文は、ボクの体験でもなんでもありません。ただの例文。

【使いこなしてみよう！】
●**智慧とは、お金のつくり方ではなく、他を愛する方法。**
Wisdom is **not how** we make money **but how** we love others.

●**彼は株式市場で巨額の富をつくった方法を言わなかった。**
He didn't say **how** he made a huge amount of money in stock markets.

●**感謝を言葉にすることは、自分を幸せにする究極の方法。**
To say thanks is **the ultimate way** we make ourselves happy.

Point 関係代名詞——
who & that

関係代名詞ってなんだ?

「関係代名詞」という言葉に**アレルギー**をもっている人は多いと思います。「関係代名詞」と聞くだけで学生時代のゾッとする受験勉強を思い出し、**「いい加減にしてくれッ〜!」**と叫びだしたくなる人がたくさんいるはずです。その心理的な拒絶反応はよく理解できます。しかし、もう大丈夫。なぜなら、英語の本質が「逆転」であることを理解した人は、「関係代名詞」という言葉に含まれるアレルゲンには反応しないからです。

むかし受験英語でアレルギーを起こしたのは、「関係代名詞」の原理が感覚として「ピンときていなかったから」なのです。でも、すでに IA メソッドで「逆転」を理解した人は、「関係代名詞」は逆転ゆえに生まれた現実だとわかっているので、なんの抵抗も感じないはずです。それだけでなく、受験勉強で必死に覚えた知識のほとんどが、会話では使われないことも見えてしまうでしょう。

英語は日本語から見てすべてが逆転しています。その逆転の本質は、語順の逆転です。つまり英語と日本語では語順配列の原理が逆転しているのです。日本語では大切なことは最後に述べますが、英語や西洋言語では大切なことほど先に述べます。そうなった原因は、定住民族と移動民族の生存原理が真逆の関係にあったためです。言語は人間の生存形態を反映して形成されるので、その生存形態の違いが最も鮮明に表れる部分が語順なのです。

英語は印欧語の一つです。印欧語を話していた人々は、広大なユーラシア大

陸を約１万年の時間スパンのなかで、移動しながらその言語を発達分化させて
きました。そして英語は、その印欧語のなかでもひときわ色濃く人間と移動の
関係を語順に結晶させた言語です。移動する人間にとっての生存環境は、移動
につれ刻々と変化します。その環境の変化に人間の思考を合わせるには、言葉
のアウトプットの順番もそれに合っていなければ生存形態と思考パターンがか
みあわなくなります。そして、言語という手段が生存に役立たなくなります。
だからこそ、移動民族である西洋人の言語、とりわけ英語は、最重要のことを
先に言いきって意思疎通する方式を色濃くしたのです。環境の変化に言葉をキ
ャッチアップさせるためです。ここの理解は、物言わぬ英文法だけ見ていても
わかりません。太古からの西洋史全体を鳥瞰しながら、その視界のなかに印
欧語の変化と英語の変化を取りこんで考える必要があります。そうしなければ、
英語の真相は浮かびあがってきません。詳しくは、第２巻を読んでください。

　日本民族は定住民族です。おそらく２万年はこの狭い列島のなかで生きてき
ました。そしてそこに生きていた人間は、西洋人に比べればほとんど移動する
必要もなく、いつも変わらずある山や川に囲まれ、その穏やかな環境のなかで
日本語を育んできました。つまり、日本民族には、性急に言葉を使わなければ
ならない外圧がなかったのです。つねに同じ環境と人間関係がそこにありまし
た。ですから、結論にあたる SVO を後回しにして、たとえば、「みんなお腹
が空いているんなら、きのう釣ったこの魚、食べて！」などという日本語を使
ってきました。この文の本質は「この魚、食べて」だけなのですが、日本語の
流れではそうは言わず、前提条件や補足内容をゆっくり述べます。環境にも人
にも急かされていないからです。

しかし現代の英語なら、ここは以下のような表現になるはずです。

You can have this fish that I caught yesterday if you are hungry.

アングロサクソン民族にとって一番重要なのは太字の SVO の情報です。し
かし、日本民族がこだわったのは that 以下の波線部分です。話す言葉の最大

の原理は、大切なことを先に発するということです。言葉は発した瞬間に消えるからです。大切なことから先に言わないと、言葉が伝達の用をなさないのです。ということは、英語ではSVOが一番大切ですが、日本語では「みんながお腹空いているんなら」という前提条件や、「きのう釣った」という補足内容のほうが、「この魚を食べて」というメッセージより大切だったことになります。なぜなら、日本民族にとっては、つねに同じ仲間がまわりにいるために、人間同士の「和」が一番大切な価値だったからです。だからこそ、日本語では、**「みんなお腹空いているんなら」**という前提をまず確認し合い、**「きのう釣ったこの魚」**と手のうちを開示し、最後の最後に、**「食べて！」**と提案を切りだすのです。日本文化では前提条件の共有と、人間関係の一体化を担保することが最重要なのです。言葉はそのためにこそありました。しかし英語では、それと真逆です。

　前記の英語をもう一度見てください。日本語では最重要だった波線部は、英語では後回しされていました。that はグダグダ補足条件を述べるための目印、つまり関係代名詞です。前記の英文中では先行詞の目的格を担っています。英語の思考の流れは以下のとおりです。

You can have this fish → (**that**) I caught yesterday → if you are hungry.
この魚食べて → きのう釣ったやつだけど → もしお腹空いているなら

　これが英語を話す人の思考の流れです。くどくどした説明は後回し。関係代名詞というのは、しょせん、くどくど話される**補足説明のマーカー（目印）**にすぎません。目的格の場合はそのマーカーさえ省略されます。これが関係代名詞の本質です。

関係代名詞というのは、西洋人の思考が、日本語から見て、逆に流れていることを教えてくれるもの。関係代名詞とは、逆転マーカーのことです。

　そもそも、SVO は人間の生存を担保する文型だと言いました。その核心部分が S であり、V であり、O です。英語はここをまず言いきります。そのあとに、さらに言うべきことは何かといえば、主に O に対する補足説明です。その場合、修飾句や修飾節が続きますが、その補足説明を「節」のかたちでおこなうときに登場するのが関係代名詞です。もう一つだけ、わかりやすい例を出します。

I want to eat Tonkotsu Ramen.

　この文には SVO が含まれていますが、メッセージはシンプルです。もう少し情報を加えたいと思ったとしましょう。たとえば、「福岡あたりで、老若男女、あらゆる年齢層の多くの人々を魅了している → 豚骨ラーメンを食べたい」と、言ってみるとします。これは、英語なら以下のようになります。

I want to eat Tonkotsu Ramen ← **that** is fascinating many people who are men and women of all ages around Fukuoka area.

　この場合も、豚骨ラーメンを説明する長々とした修飾語は、主節の SVO の後ろにまわされます。この原理を感覚として自分のものにしてください。言葉は、自分の感覚に入らないかぎり、使えるようになりません。あらゆる知識は感覚のレベルに落としこまなければダメです。

　上記の豚骨ラーメンの英語の場合、関係代名詞 that は主語の役割も果たしているので省略できません。つまり that の主格用法です。ここで日本中の受験生は混乱します。「関係代名詞の**主格用法**だって？　さっきのは**目的格用法**だったよね！　あれッ、**所有格用法**もあったよ！　どうなってんの！」と、怒りすら覚えたはずです。ボクも、その一人でした。実際、フィリピンへ行く前は、ボクは会話のなかで関係代名詞は使えませんでした。でも、フィリピンへ行って、無意識に目的格の that を使って話している自分に気づき、驚きました。なんのことはなかったのです。言葉を感覚のレベルで使うなら、感覚とし

て理屈が理解され、感覚の力として、正しい英語が無意識に口から出てくるのです。これは体験した人にしかわかりません。

関係代名詞、ざっくり理解すると

- ●関係代名詞には、**who, that, which, what** があります
- ●関係代名詞とは、節のレベルで名詞の代わりをする言葉です
- ●関係代名詞は格変化を起こします
- ●その格によって、使用頻度が大幅に違ってきます
- ●書く英語と話す英語とでは、その使用頻度の差がさらに大きくなります
- ●会話で使う関係代名詞は、ごく一部の用法に限られます
- ●受験英語で覚える関係代名詞の知識の7割は、会話では使いません

「節」という名詞のカタマリとて名詞です。その名詞の格変化も含め、関係代名詞全体をまとめると以下のようになります。what の使い方は別に説明しますので、ここに含めません。

使う対象	関係代名詞	主格のかたち	所有格のかたち	目的格のかたち
人	who	who	whose	whom
人／物	that	that		that
物	which	which		which

この表を、会話で使う立場から、簡単に説明します。

- ◉ who は主格の who しか使いません
  - ● whom はめったに使いません。忘れてかまいません
  - ● whose は会話のなかでは絶対に使いません。忘れるべきです
- ◉ that は主格と目的格の両方で使います
  - ● ただし、会話では目的格の that は省略します
- ◉ which は会話では使いません。とくに最近は使わなくなりました
  - ● 物に対して使う場合は、すべて that で代用します

　つまり、話す英語では、円で囲んだ太字の who と that しか使わないのです。しかも、何度も言うように、目的格の that は言葉にしないのが普通です。そのほうが、響きが格好いいのです。

　受験英語の先生は上記の割り切り方を教えてくれませんから、この要点は軽視しないでください。英語は、書くときと、話すときとでは、関係代名詞の使い方がまったく違うのです。読む英語を勉強する場合には、すべての知識を覚えておく必要がありますが、話す英語では、使うことだけ覚えればいいのです。

　すべての関係代名詞の前には、先行詞が存在します。関係代名詞とは、その先行詞（名詞）を、同じ文のなかで補足説明するための接続詞的なマーカーであり、その先行詞を言い直す代名詞でもあります。さあ、学ぶべき対象は絞り込まれました。最初は、who から行きましょう。

who と that ── 主格用法

先行詞が人間の場合は、関係代名詞は who を使います。

An American **who** can cook Japanese food
　「日本料理をつくれるアメリカ人」
　先行詞が an American。who は an American の**代名詞**
　その who が**関係詞節のなかで主語**の役を担っている
　　→ **who の主格用法**

●これを**主語**として使うと
[An American **who** can cook Japanese food] is Jenny.

●これを**補語**として使うと
Jenny is [an American **who** can cook Japanese food.]

●これを**目的語**として使うと
I married [an American **who** can cook Japanese food.]

　Who を使って話すときは、この３つのパターンをまねて英文をつくってください。最重要の一点は who が「節」のなかの主語として使われているという自覚です。大切なのはこの一点のみ。

　今度は、先行詞が物の場合の that の主格用法を出してみます。文中の gadget とは携帯電話やタブレットなど、目新しい電子器具やその種の小物のことです。

A gadget **that** attracts many people
「多くの人を惹きつけるガジェット」
先行詞が gadget で、that は gadget の代名詞。
that は関係詞節のなかで主語の役を担っている。
→ **that の主格用法**

●これを**主語**として使うと
[A gadget **that** attracts many people] is a smartphone.

●これを**補語**として使うと
A smartphone is [a gadget **that** attracts many people.]

●これを**目的語**として使うと
I have [a gadget **that** attracts many people.]

　これが実際に that を使うときの、頭のなかの理解です。who のときとまったく同じです。例文中の冠詞は前後関係によって a になったり the になったりしますから、あまりこだわらないでください。

I have a gadget **that** attracts many people in the world.
Yes, that is a Smartphone! In my case, not an Android!

　などと、この程度の関係代名詞は、会話ではガンガン使います。

【使いこなしてみよう！】
●彼女はどんなパーティーでも歓迎されない、まあ興を削ぐ人さ。
She is a kind of kill joy **who** is not welcomed at any party.

◉彼は自分の家族からさえ、「しらけるやつ」って呼ばれているんだ。

He is a guy **who** is called "a wet blanket" even by his family.

◉お年寄りの軽い会釈を無視したその女を、僕も無視した。

I also neglected the girl **who** neglected the slight bow of an old person.

◉僕、停電で動かなくなった自分の PC を、初期化しなくちゃいけないんだ。

I must initialize my PC **that** froze after the blackout.

◉ガソリンをたくさん喰う古い車は、カーマニアの間ではビンテージカーさ。

Old cars **that** use a lot of gasoline are vintage cars among car maniacs.

◉彼のジョークは、その場を笑いの渦に変えた呪文のようだった。

His joke was like a charm **that** changed the situation into a wave of laughter.

◉悪い記憶とつながる原子力は、日本人にとっては、微妙な問題なんだ。

Nuclear power **that** is related to bad memories is a very sensitive matter for Japanese people.

◉グーグルマップは、アマゾン流域で広がる森林伐採を見せてくれる。

Google Maps shows deforestation **that** is increasing in the Amazon basin.

◉我々は、数えきれない命を支えている生態系を守らなければいけない。

We must preserve ecosystems **that** are supporting uncountable lives.

目的格の that ── 建前の解説

最後は、関係代名詞 that の目的格用です。これは先行詞が、その後ろの that 節の中の動詞の目的語になる場合の that の使い方です。一つだけ例をあげます。

A gadget **that** many people want to get.
　「みんなが欲しがるガジェット」

- この場合の that は節を先導しているが、主語の役を果たしていない
- 果たしているのは、先行詞と節をつなぐマーカーの役目だけ
- もし that が節のなかで主語を担っていたら省略は不可能
- でもこの場合は主語ではない。that 節の主語は many people
- that は、want to get の目的語＝目的格
- つまり単なるマーカーの that。これは役立たずで、**「省略可！」**と宣告される
- このように that が、節のなかで先行詞の代名詞でありながら、目的語として働いている。この **that** を**目的格用法**と呼ぶ

[A gadget ~~that~~ many people want to get] is a Smartphone.
A Smartphone is [a gadget ~~that~~ many people want to get.]
I have [a gadget ~~that~~ many people want to get.]

- きちんとした「書く英語」ではこの that は省略しません
- ラフな書く英語では、省略する、しないは書き手の自由です

◎「話す英語」のなかでは、この that は省略するのが普通です
◎省略してくれたほうが、聞く人の耳には、はるかにわかりやすい

目的格の that ― 本音の解説

ここからが that の目的格用法の本音の解説です。

◎主格用法の that ＆目的格用法の that ➡ その使い分け方！

使い分けを意識して「どっちを使うべきか？」と考えている
レベルでは目的格用法は使えない

◎実践的指南！

最初に、主格用法だけを使い慣れてしまうこと
そうすれば、主格用法とは違うことを言おうとすると
無意識に目的格用法の that が口から出てくるようになる

　あえて強調的に、乱暴な結論を書きました。乱暴ですが一番賢い方法です。
上記を詳しく解説します。

賢い極論：

１．話すスキルとしての that の「主格用法」を使えないうちに、「目的格用
法」を学んでも意味がないのです。混乱が深まるだけです。再びアレルギーが

復活します。まず、話すスキルとしての「主格用法」を瞬間的に口から出せるようにしてください。

2．「that の目的格用法」は、「that の主格用法」が即興で使えるようになると、学ばなくてもひとりでに使えるようになります。なぜなら、話そうとするメッセージが、主格用法で慣れたのとは違う言い方で「節」の主語を立てなければいけないと意識された瞬間に、「目的格用法」が黙っていても口から出てくるようになるからです。それを何度か反復体験しているうちに、主格用法とは異なる目的格用法が感覚として自覚されてきます。それは必ず、主格用法が使えるようになったあとなのです。これは体験から言える事実です。ですから、「that の主格用法だろうか、目的格用法だろうか？」と判断に迷うような覚え方ではダメなのです。賢くないのです。まず、主格用法をしっかり使えるようになってください。

3．主格用法に慣れると、先行詞が意識化された瞬間に、それが再び主格で働くのか、目的格で働くのかが直感で判別できるようになります。その直感力が働いてはじめて、that を省略するという判断につながるので、その間の判断力は、ほとんど体感的なものです。スポーツの反応に似た感じ。

4．以上の思考プロセスがその人の感覚レベルの能力になると、**関係代名詞を会話のなかで使う感覚が、英語ネイティブが英語を話す感覚と同じになります。そこまでいくと、関係代名詞を使う感覚が逆転モードを使う感覚と一体化します。**

whose 無用論

　関係代名詞の who は、**who – whose – whom** と格変化します。この whose は所有格です。しかし、これは会話では絶対に使いません。ですから、覚える必要がありません。

「話す英語」の修得法と、「読む英語」の修得法は違います。高校で頭を悩ませた関係代名詞の複雑な規則は、書かれた英語を厳密に読むための知識です。話すための知識ではありません。この現実を如実に証明してくれるのが whose です。

whose は口頭では使いません。つまり、会話のなかでは使いません。

まず、使えそうな状況になかなかぶつからないのです。海外で毎日英語を使って暮らしていても、5年か6年に一度あるかないかです。実際はその程度の頻度です。しかも、仮に使えそうな場面に遭遇しても、それでも使いません。実際は文を2つに切って、あっさりと表現してしまいます。現実はそんなものです。ですから、会話力の一部として whose を学ぶ必要もないし、覚える必要もないのです。具体例を示します。

He is a politician **whose** ambition is to become the US President.
彼はアメリカ大統領になる野望をもった政治家です

この英文中の whose が所有格用法の who ですが、これは書くための英語です。実際の会話では次のように表現します。

He is a politician.
He has an ambition to become the US President.

どうです？　受験英語が、アホらしくなりませんか？　これが現実です。

ボクは、大学への受験英語は否定しません。ああいう勉強も大切です。しかし、ああいう英語が現実の英語から遊離しているのも事実です。ボクはフィリピンと出会ってから最初の10年間は現地に通いつづけ、フィリピン国立公文書館で膨大な量の戦争裁判記録を読みました。第二次世界大戦中に日本軍が現

地でおこなった戦争犯罪の裁判記録を調べていたのです。船便で日本へ送った
コピーだけでも、それを積み上げると、かるく自分の背丈を超えるほどの枚数
でした。またフィリピンへの移住後は、新聞記者として、何種類もの英字新聞
を、毎日読み飛ばしていましたし、現地の住民として、日々、様々な行政文書
や複雑な申請書類もきちんと読んでいました。しかし、そうして目に触れたす
べての英語が、日本の大学入試の英語に比べたなら、なんと簡単だったことで
しょう。日本の受験英語以上に難しい英語にぶつかった記憶がないのです。フ
ィリピンは、一切の公文書は英語でなければならないと法律で決められている
英語の国です。その国でさえ、そうなのです。

　ここに、日本の英語教育の不可思議なゆがみがあります。間違いなく、日本
の若者はそのいびつなゆがみの犠牲になっています。入試英語の目的自体がゆ
がんでいるのです。現実の英語国の、日常で触れるあらゆる英語とはなんの接
点もない英語が、英語の王道と錯覚されているのです。ボクは何度もフィリピ
ンで様々な英語に触れながら、なんて英語って簡単なんだと嘆息をもらしまし
た。自分が教えていた大学の図書館で、膨大な法律全書に目をとおしていたと
きも、もし自分がもう少し若く、時間がたっぷりあったなら、フィリピンの司
法試験を受けても受かるだろうと感じました。法律の英語でさえそう感じたの
です。日本の六法全書みたいな難解な構文の英語など、どこにもありませんで
した。あれは日本人の法概念や法観念の錯覚にすぎません。国家や権力はつね
に国民に対するサディズムを執行する機関ですから、国民は被虐趣味にならさ
れすぎているのかもしれません。

節を使って話す！

Point 関係代名詞──what

先行詞のない関係代名詞

　最後に、what の使い方を説明します。これは会話では頻繁に使います。先行詞のない what 節自体が丸ごと名詞のカタマリですので、使い勝手はすこぶるいいです。これは表現自体を丸暗記してしまって、自在に使うことをすすめます。まず、慣用的な表現を紹介してしまいましょう。そのほうが早いです。

私が言ったこと	➡ what I said
私が言いたいこと	➡ what I want to say
私が言いたかったこと	➡ what I wanted to say
私が知りたいこと	➡ what I want to know
私が考えていること	➡ what I'm thinking
私が聞いたこと	➡ what I heard
私が意味するところ	➡ what I mean
私が意味したのは	➡ what I meant
私が信じていること	➡ what I believe
私が理解していること	➡ what I understand
私が理解したこと	➡ what I understood
私が必要なこと	➡ what I need

　what には先行詞がないので、そして名詞節であるところから「～こと」と訳されます。主語を変えたり、時制を変えたり、否定表現にしたりすれば、無限の表現に変わります。ここにあるのは、ほんの代表例にすぎません。またこのような表現を口走れるのは、頭のよさのデモンストレーションになります。なぜなら、これらの表現は抽象的な思考を表現することになるからです。以下のようにして使います。

What you said is **what** I wanted to say.　　　　what 節は主語＆補語
　君の言ったことは、僕の言いたかったことだ。

Tell me **what** you want to say.　　　　what 節は目的語
　言いたいことを言ってごらん。

We don't know **what** will happen in the future.　　　what 節は目的語
　将来起こることを、僕らは知らない。

　関係代名詞を会話のなかで使うには、ここまで述べた知識だけで十分です。これ以上はいりません。使う単語を専門用語にするだけで、海外で悠々と知的に生きてゆくことができます。以上の割りきり方と頭の整理が、関係代名詞を会話でもサクサク使うコツになります。

【使いこなしてみよう！】
◉僕の言ったこと、忘れちゃダメ、いい⁉
Don't forget **what** I said, OK!?

◉ゴメン、おっしゃってること、わかりません。
Sorry, I don't understand **what** you mean.

◉日本語モードは、言いたいことを言わないこと。
The Japanese mode is not to say **what** we want to say.

◉言わなきゃいけないことを言うのが、英語モード。

To say **what** we must say is the English mode.

◉我々に必要なことは、やってきつつある幸運への準備をすること。

What we need is to prepare for the luck coming to us.

Point **接続詞 that**

逆転モード + 拡大モード

that は関係代名詞だけではありません。接続詞の働きももっています。下の英文の that は関係代名詞ではなく接続詞です。先行詞がないからです。that 以下は名詞のカタマリの「節」です。

I think **that** Maria is an outstanding actress.
僕は、マリアはずば抜けた女優だと思うよ。

主節が I think. 従属節が Maria is an outstanding actress. です。

このような接続詞の that は、会話でははぶいてしまうのが普通です。そうしない場合は、理屈っぽく響きます。

I think 　　~~(that)~~　　Maria is an outstanding actress.
僕は思うよ、　　　　マリアはずば抜けた女優だとね。

この感覚で話すだけでいいのです。

　話すときのこの感覚は完全に逆転モードです。同時に、拡大モードでもあります。なぜなら、接続詞を使って文を拡大しているからです。この話法は、会話では必須です。関係代名詞の that に絡めて一緒に覚えてしまいましょう。しかし、「節」を使いこなすという視点からは同じカテゴリーに入りますから、決して筋違いではありません。**I think ~~~~ と切りだす話し方は英会話の常**

道です。絶対に自分の話術の一部にしてしまわなければならないスキルです。

　日本語では「〜〜だ、とは思わない」、「〜〜だ、という人もいる」、「〜〜だ、という考え方もあるかもしれない」などと、文末で思考のアクロバットを演じ、文意を曖昧にし、しかも「僕は」という主語さえ消してしまいます。これは日本語の柔軟性というよりも、責任逃れをしようとする日本人のズルさのあらわれです。その日本語感覚で英語を話すことはできません。

　英語を話すには、日本語にない胆力が求められます。英語を話すときは、自分が発する言葉に対する責任が発生します。話すスキルはシンプルですが、そこが英語モードの本質が浮かびあがる核心的な部分です。主節のメッセージをバーンと言い放ってしまうこのしゃべり方は、I think 〜〜 だけではありません。いろいろ紹介しますので、自分の話法のなかに取り込んでください。

I think (that) 〜〜〜	**〜〜 と、僕は思う**
I don't think (that) 〜〜〜	〜〜 とは、僕は思わない
I thought (that) 〜〜〜	〜〜 と、僕は思った
I didn't think (that) 〜〜〜	〜〜 とは、僕は思わなかった
Do you think (that) 〜〜〜?	〜〜 と、君は思うかい？
Don't you think (that) 〜〜〜?	〜〜 と、君は思わないか？
Did you think (that) 〜〜〜?	〜〜 と、君は思っただろうか？

I know (that) 〜〜〜	**〜〜 ということを、僕は知っている**
I don't know (that) 〜〜〜	〜〜 ということを、僕は知らない
I knew (that) 〜〜〜	〜〜 ということを、僕は知っていた
I didn't know (that) 〜〜〜	〜〜 ということを、僕は知らなかった
Do you know (that) 〜〜〜?	〜〜 ということを、君は知っているか？
Don't you know (that) 〜〜〜?	〜〜 ということを、君は知らないのか？
Did you know (that) 〜〜〜?	〜〜 ということを、君は知っていたのか？

I understand (that) 〜〜〜　　　〜〜 と、僕は理解している

  I can't understand (that) 〜〜〜　　〜〜 ということを、僕は理解できない

  Can you understand (that) 〜〜〜?

                      〜〜 ということを、君は理解できるか？

I believe (that) 〜〜〜　　　〜〜 ということを、僕は信じている

  I don't believe (that) 〜〜〜　　〜〜 ということを、僕は信じていない

  I can't believe (that) 〜〜〜　　〜〜 ということを、僕は信じられない

  Can you believe (that) 〜〜〜　　〜〜 ということを、君は信じられるか？

I hope (that) 〜〜〜　　　〜〜 と、僕は希望する

I imagine (that) 〜〜〜　　　〜〜 と、僕は想像する

I guess (that) 〜〜〜　　　〜〜 と、僕は推測する

【使いこなしてみよう！】

◉江戸の人口は、当時、世界で一番だったと思うんだ、僕。

I think the population of Edo was No.1 in the world at that time.

◉僕は、芸者が日本のシンボルだとは思わない。

I don't think Geishya Girls are the symbol of Japan.

◉量子コンピューターが、我々のすべてのシステムを支配すると思いませんか？

Don't you think Quantum computers will control all of our systems？

◉『ザ・シークレット』が多くの国でベストセラーになったこと、知ってますか？

Do you know "The Secret" was the best-selling book in many countries?

◉スパイダーマンは、60年前、アメリカでヒーローだったこと、知らないの？
Don't you know Spider-Man was a hero in the US 60 years ago?

◉月にウサギはいないこと、どうして知らないの？
Why don't you know there are no rabits on the moon?

◉誰もが、地球が太陽のまわりを廻っていることを理解しています。
Everybody understands the earth is rotating around the sun.

◉すべての生き物が海から来たと、僕は信じている。
I believe every living creature came from the sea.

◉鳥の祖先が恐竜だったなんて、僕には想像できない。
I can't imagine the ancestors of birds were dinosaurs.

◉すべての車が、ガソリンの代わりに水を使うようになること、想像できる？
Can you imagine all cars will use water instead of gasoline?

◉花咲かじいさんは、物語のなかでは50代だったと、想像するね。
I guess Hanasak-jiisan was in his 50s in the story.

INDIVIDUAL
ASCENDING
METHOD

第4章

5文型＆2文型

Point 5文型の成りたち

　本書では、５文型を否定する立場をとってきました。そしてその代わりに２文型を主張してきました。それは本書の目的が英語を「話す」ことに向けられていたからです。英語を「読み」、英文を目で分析するなら５文型には一定の価値がありますが、しかし、「読む」ことと「話す」ことではあまりに現実が違いすぎます。「話す」現実には５文型の意識も知識も向いていません。すでに序章のなかで、「話す」目的にとっての５文型の難点を、第１文型と第２文型に限ってまとめておきましたが、この第４章では、５文型を見つめなおす視点をその全体に広げ、これまで触れていなかった視点からも考察してみたいと思います。それは、分析的な英語理解そのものの限界に気づくことになるでしょう。

　「読む英語」にはもちろん、それなりの目的がありますから、これからの展開は、５文型の全否定ではありません。あくまでも、「話す」という現実的目的にとっての５文型の限界を確かめる試みです。ですからそこは誤解なさらないようにお願いいたします。

Onions の周辺

　５文型による英語の捉え方はこれまで、イギリス人のアニアンズ（C.T. Onions）によって提唱されたものと理解されてきました。彼がその考え方を示したのは *An Advanced English Syntax*（1904）と題された英文法書のなかです。この書には「述部の５形式（five forms of the predicate）」という考え方が示されていて、それが今日の５文型のもとになったとされています。それが日本へ伝わり、日本でこの考え方を採用したのが細江逸記博士とされて

きました。細江博士はこの概念を主著『英文法汎論』（1917）のなかで紹介しています。それ以降、今日まで、日本の英文法では５文型を取りあげない学校も教科書もなくなっており、学校英語におけるその影響力を否定することはできません。

　ところが、「５文型の源流を辿る」という論文のなかには、５文型の考え方はアニアンズが最初ではなく、彼の師であるソンネンシャインが最初だったという研究がありました[1]。それによると、ソンネンシャインは英語だけでなく、フランス語やラテン語を学ぶ際に文法用語がバラバラであることを憂慮し、統一的な文法用語や文法概念が必要であると主張して、共鳴者を集めて文法協会を立ちあげます。そしてその文法協会から出された通称 *Cooper and Sonnenschein*（1889）のなかで、ソンネンシャインはアニアンズが紹介したのとほぼ同じ「述部の５形式」という概念をすでに紹介していたというのです。アニアンズに先立つこと15年も前でしたから、これは否定しようのない事実です。

　ですから本来は「５文型」といえば、ソンネンシャインの名が出て当然なのですが、彼が書いた書は本文が24ページ足らずの小編であったこと、また彼がその後「並行文法シリーズ」でフランス語、ラテン語、英語の文法書を書きますが、その英文法書である *A New English Grammar*（1916）のなかでは「述部の５形式」という概念に触れていなかったことなどから、この言葉の代名詞としてアニアンズの名前のほうが有名になった事情があったようです。

　ところがもっと先端的な研究があって、ソンネンシャインやアニアンズの流れ以前に、すでに５文型の提案があったとする研究があります。それは伊藤裕道氏の研究です。彼によると、日本の「斎藤秀三郎（1898－99）は、Mason に源を発す、Bain、Swinton（「小文典」）、Nesfield から Complement を学び取り、『五文型』という用語や『補語』という訳語は用いなかったものの、独自の分析も含め Complement を詳細に説明し、今日の学校文法における『文の分析』をいち早く展開した」[2]というのです。彼は続けて説明します。「そ

れ以降、Complement の訳語は、『完意語』『補助言』『補言』『完成言』『補辞』『補足語』『完成語』『補欠語』など様々あったが、そのなかの一つとして、清水起正（1911）、大阪竹治（1911）、若月保治（1914）などが用いた『補語』と、さらに石原益治（1915）によって紹介されつつあった Onions の『五文型』を採用した、細江逸記『英文法汎論』（1917）が、今日の『学校文法』に定着したと考えられる。それまでの様々な文法家の説を、いわば、体系的に総括したものと言って良い。とはいえ、『補語』という訳語を用いたのも細江が最初ではなかったし、『補語』の規定においても細江のものは今日の『補語』規定と違っていた。Onions 同様、歴史文法家としての特徴を色濃く残している。それらは、学校文法の歴史の中で、Nesfield・斎藤の考え方に修正されていったと言って良い」とあります。

　以上からわかることは、「5文型」の発想は、日本には非常に古くから紹介されていたということと、その「5文型」の概念はいわゆる「補語」の自覚と表裏一体で日本に入ってきたということです。そもそも、「補語」という概念がなければ「5文型」という概念も成立しないのですから、英語の文型研究における Nesfield・斎藤の貢献を無視することは間違いでしょう。したがって、「5文型」の価値や意義を探る作業のかなめは Complement ＝補語をどう捉えるかという問題と切り離すことはできなさそうです。

補語の自覚

　実は、英語のなかでもとりわけわかりづらいのが「補語」です。それを証言している言葉もあります。「国内外における Complement の史的研究が進んだのは1990年代であった」[3]という驚きの言葉です。その証言は、「補語」の研究は「1990年代に伊藤裕道が本格的に取り組むまで、見逃されてきた」[4]とまで言います。1990年代とはつい昨日のことです。そのつい昨日まで、英文法における「補語」がなんなのかわからなかったというのは驚き以外の何ものでもありません。補語は SVC の C にあたる部分で、名詞か形容詞と割りきって考えてほしいと本シリーズでは述べてきました。その背景には、「補語」の理

解が難しいという現実がありました。それゆえにこそ、とりあえずは「補語」を、SVC の C における名詞と形容詞として割りきっておく必要があったのです。

　５文型のなかで補語が出てくるのは、第２文型（SVC）と第５文型（SVOC）です。これまで本書では、第５文型の SVOC の補語については一切言及を避けてきました。SVC の補語のほうが、SVOC の補語より圧倒的に使用頻度が高く重要だという判断があったからです。しかし、補語を厳密に理解するためにも、第５文型の補語をいつまでも無視しつづけているわけにはいきません。５文型を総論的に述べるためのこの場所で、「補語」に的を絞りながら、５文型全体の評価まで含めて論じたいと思うのです。５文型において、「補語」は２種類あります。

> SVC の補語　➡　**主格補語**　➡　主語の内容を補足する
> SVOC の補語　➡　**目的格補語**　➡　目的語の内容を補足する

　上記は、我々が英文法を理解するなかで、今、常識的に理解している内容です。しかし、目的格補語に関しては、英語の本家イギリスにおいてさえ長いあいだ意識化されず、問題視すること自体が避けられてきた歴史があります[5]。長いあいだ、Complement といえば、SVC の Complement のみが意識されていたわけです。イギリス人にとってさえそうだったのですから日本人が SVOC の C に意識が向かなかったのは、当然といえば当然でした。

　英語を「話す」という実践的目的に立ちむかう私たちにとって、補語という文法概念を厳密に押さえておくことは、間違いなく、幅広い表現を担保するために絶対に必要です。

> ① SVC の補語の厳密な内容を知る
> ② SVOC の補語の厳密な内容を知る

　これを、これからの論述の目的と定めましょう。その意味で、つまり、「補語」の箇所を明示する５文型の SVC と SVOC という文型自体は、議論のための大前提として否定することはできません。「補語」を厳密に捉えるための有効な文型論としては５文型を受け入れざるをえないのです。

５文型・７文型・８文型

　英語の文型を論じる場合、いろいろな分類の仕方があります。５文型はそのなかの一つです。代表的なものとしては７文型と８文型という捉え方があります。ここでは以下に、５文型、７文型、８文型の違いをわかりやすく明示しながら、７文型と８文型では英語の何をつかもうとしていたのか、５文型は他の文型論と比較してどこが違うのかを正確に把握してみましょう。その違いがわかりやすくなるように、以下に文の成分を記号で示します。

５文型	７文型	８文型
SV	SV	SV
SVC	SVC	SVC
SVO	SVO	SVO
SVOO	SVOO	SVOO
SVOC	SVOC	SVOC
	SVA	SVA
		SVCA
	SVOA	SVOA

　３つの文型をわかりやすくまとめたのが上表です。そしてその違いをまとめると以下のようになります。

- ５文型は３つの分け方に共通している。
- ７文型には SVA、SVOA という文型が、８文型にはさらに SVCA という文型が加わっている。

● ５文型との違いでいうと、７文型と８文型には **A** という文法要素が加わっている。

なぜ７文型と８文型は A という文法要素に視線をそそぐのか、そこを確認しなければなりません。それには A にあたる表現がどういう表現で、文法的にはどういう性質を担った表現なのかをつかまなければなりません。しかしそれは、A を含む例文を見比べればすぐにわかります。

	７文型	８文型
SVA	I have been **in the garden**.	Mary is here **in the garden**.
SVCA		John is very fond **of cats**.
SVOA	Fay put the toys **in the pocket**.	He put the key **in his pocket**.

6

記号で A と表示されている文の成分は**義務的な副詞語句**（Obligatory Adverbial）と呼ばれる表現単位です。５文型ではこのような表現単位を無視していたことになりますが、上の表のなかで A にあたる部分は太字にしておきました。そこが「義務的な副詞語句」、つまり A にあたる部分です。

７文型と８文型の SVA と SVOA の例文は、文法的には同じです。代表として７文型の SVA と SVOA に注目してみます。それらの文から A を取り除いてみます。すると以下のようになります。

SV： 　I have been　　　　私はいた
SVO： 　Fay put the toys　フェイは玩具を入れた

どちらの英文も意味が中途半端です。SV の文では「どこにいたのか」、SVO の文でも「どこに入れたのか」が明示されていません。両方とも不完全な文です。だからこそ実際は in the garden という表現と in the pocket という表現が添えられています。これらの名詞句は２つの文において欠かせない

表現単位です。しかも動詞を修飾する副詞の役を果たしていますので、「義務的な副詞語句（Obligatory Adverbial）」と名づけられました。つまりこれが７文型と８文型が SVA と SVOA という文型を新たに創設すべきだと主張した理由です。

　上記 SVA の文は、煎じつめれば I am in the garden / Mary is in the garden. ですが、これらの文は、SVC に含められるだろうかという根本的な問いが、in the garden の部分をどう解釈すべきかという疑問を立ちあがらせ、SVC には含められないから SVA という新しいカテゴリーを設けようと考えた結果が７文型と８文型の発想です。このような見方が、７文型と８文型が SVA と SVOA を主張した論拠です。しょせんは前置詞句を補語とは認めない立場です。厳密には前置詞句だけではなく、様々な表現がこのカテゴリーに入ってきますが、簡単にいえば、日本語の連用修飾にあたる文法概念が名詞にも形容詞にも収まらない現実を受けて A という概念を立てざるをえなくなったと考えればいいでしょう。

　このような７文型論と８文型論が生まれてきた背景には、５文型の SVC の C は主語を補完している主格補語だが、SVA の A は主語を補完しているわけではなく、動詞を補完している副詞的語句（連用修飾語＝副詞的修飾語）だから、SVC の C と SVA の A とを同一視できないという判断があったことになります。文法的な分析をするとそのとおりです。それゆえにこそ、SVA と SVOA という新設の文型が確立されました。

　以上の理解は、７文型や８文型から見れば、５文型の不完全さとなり、５文型の立場からも７文型と８文型の主張を受け入れざるをえない現実となり、いわばここが、５文型の決定的な欠陥ということになりました。

　確かに７文型と８文型の主張には反論できません。「読む英語」として、書かれた英文を分析的に理解するとそのとおりなのです。５つのカテゴリーで収まらない場合にはカテゴリーを増やすしかなくなります。書かれた英語を網羅

的に理解する場合、すべての文のつじつまを厳密に合わせなければなりません。どうしても合わない場合は、別のカテゴリーを設けなければ論理的斉一性がなくなります。[7]

　以上が７文型と８文型の主張が生まれてきた背景であり、逆の立場からいえば、５文型の欠陥を露呈した現実でした。確かに、思い返すと、I am **in the station.** という文を、ボクは高校時代に習った記憶がありません。ここは長いあいだ、５文型に準拠した日本の学校文法の闇の部分だったはずです。多分、５文型にこの文を包摂できないことを当時の英語界は気づいていて、触れるのを避けていたのではないかと推測されます。

「話す英語」の立場は別次元

　しかし、この問題をどう受け止めるべきかを考える場合、わたしたちの立場は「話す英語」にあることを思い出すべきでしょう。英語に向きあう立場が「話す英語」であるなら、これらの議論は意味を持たない議論なのです。なぜなら、SVA の in the garden も、SVOA の in the pocket も、本書のシリーズ全体で何度も述べてきている **「前置詞ユニット」** にほかならないからです。**A と定義されている「義務的な副詞語句」の多くが、実は、「前置詞＋名詞」の「前置詞ユニット」でしかありません。** IA メソッドで英語を話す場合には、なんの困難もなく解決していた文法単位でした。

　５文型が SVA と SVOA を包摂していなくても、そしてそれが５文型の欠陥であっても、IA メソッドの立場からは、**「前置詞ユニット」という文法概念を適用することで、なんの困難も発生しなくなるのです。話すときに be 動詞の後ろに「前置詞ユニット」を置けるということを知っているだけでいいのです。「話す英語」は「読む英語」の論難に巻きこまれる必要のない「免難特権」をもっています。**

　そもそも、５文型よりも多い７分類、８分類を意識化することは、「簡単に

話すにはどうするか？」という視点からは、分析視点を増やすわけですから、目的に逆行し説得力をもちません。「義務的な副詞語句＝ A」という文法概念が出てきた背景には、名詞が格を失ってそれを見わける指標がなくなったために人々の意識から消えていった表現群を、もう一度無理やり、「文にとっては欠かせない副詞語句という表現単位だ」と意識化した結果にほかなりません。

　しかし、**英語が名詞の格を失ったマイナス面を大胆に克服する方法として、IA メソッドは「前置詞ユニット」という文法概念を提唱しましたので、「義務的な副詞語句＝ A」という意識に縛られる必要がないのです。**表のなかの in the garden も in his pocket も、サンスクリット語に対照すれば単なる処格（Locative）にすぎません（第 2 巻参照）。英文法が処格という概念や用語を使えないがゆえに、「義務的な副詞語句＝ A」という窮余の策がもちだされたにすぎないのです。「話す英語」をどうするかという立場に立つ **IA メソッドとしては、この論難にコミットする義務はありません。**そこに同情を寄せる意味も価値もないのです。したがって、7 文型も、8 文型も、英語を話す視点からは無意味な分類法といえます。

　付言するなら、8 文型が問題視していた SVC**A** の場合の A の位置づけに関しても、何ほどのことでもありません。be fond of ～ という言い方を知っていて、I am fond of a dog very much! と言えればそれで十分なのです。そもそも、**会話では、自分が使える表現しか使えません。**使えない表現を、難しい理屈を思い出しながらはじめて使ってみるなどという話し方は絶対に生まれないからです。**知らない表現は口から出てきません。ですから、問題は生まれません。**知らない表現でも、**すべてを理屈で解明しなければならない「読む英語」の悩みからは、「話す英語」は無縁なのです。**すべての「書かれた英語」を分析する義務を負う文法家の立場とは、「話す」ことをめざす立場は根本的に違います。

　以上により、IA メソッドの「前置詞ユニット」の概念を知る者にとっては、7 文型も 8 文型も意味をもたない分類概念であり、意味をもたない文型論であ

ることがわかりました。そしてそこが５文型の欠陥であることもわかりました。

５文型がもつ意義

　７文型と８文型の立場から、SVC の C が副詞的修飾機能を取りこんでおらず、それゆえに大きな欠陥があると言われた５文型ですが、だからといって、７文型や８文型に与することもできません。５文型がその価値を主張できる部分も歴然とあります。その点に触れてみたいと思います。

　５文型では、SVOC の代表例として、使役の文をよく出します。たとえば、本書の第１章、叙述モードの初級篇で出した I made him go の例文です。この例文は５文型の理解では、以下のようになります。

> I made him go. ➡ <u>I</u>　<u>made</u>　<u>him</u>　<u>go.</u>
> 　　　　　　　　　 S　　 V　　　 O　　　 C

　しかし、８文型の理解では、この文は以下のような理解になります。[8]

> I made him go. ➡ <u>I</u>　<u>made</u>　<u>him　　go.</u>
> 　　　　　　　　　 S　　 V　　　　　 O

　８文型の理解では I made him go. は SVOC ではなく、SVO なのです。訳のうえで理解するなら、８文型の理解では、この文は「彼が行くことを」、「私は」、「強いた」という意味に解されます。だから him go は切り離して考えるべきではなく、ひとまとまりの目的格として理解すべきだというのです。一応、なるほどとは思います。

　しかし、英語を話す場合、５文型のなかで一番難しいのが SVOC の文型で

す。なぜ難しいかというと、C つまり補語にどんな語をあてれば文法に適うの
かがわからず、現場で当惑するからです。実は SVOC の C ＝補語には、いろ
いろな語を充当できます。そのとき、C ＝補語にどの語をあてるかを、目的語
とは切り離して考えなければ判断がつきません。つねに OC という目的語と
一体化した補語の捉え方では現場の話す感覚には対応できません。ここは絶対
に、話す立場からは、5 文型の発想のほうが現実に即しています。

　極端に言えば、どんなときでも、書かれた文つまり「死んだ文を解剖する知
識」で生きた文に対処できるとは限らないのです。SVOC を口頭で話すとき
の感覚からは、8 文型の考え方は「死んだ文を解剖する知識」にしかあたりま
せん。会話では役に立ちません。5 文型には、それなりの価値も意義もありま
す。ですから、5 文型の価値は一応復権させることができます。それができた
ところで、5 文型が説くままの SVC と SVOC に出てくる「C ＝補語」に、
どう向き合うべきかという現実的な知識の整理に入りたいと思います。

　本書がくり返し述べてきた 5 文型否定論はここでは忘れてください。5 文型
が提示するままの SVC と SVOC を受け入れて、そのうえで「C ＝補語」を
どう処理すべきかを理解するのです。本シリーズ最後の第 5 巻、その最後の章
ですから、多少難しくても我慢してください。レベルの高い会話には欠かせな
い知識ですので、既定の 5 文型の路線に乗ったまま、私たちの文法知識を増幅
させてしまいましょう。SVC の「C ＝補語」が実際にはどれほど広い範囲を
カバーし、SVOC の「C ＝補語」も実際はどれほど広範囲をカバーするかを
知っておくことは、英語を話す際にとても大切なのです。

Point **補語の全貌**

５文型 SVC の補語

　すでに知っている方も多いかとは思いますが、SVC を５文型のなかで、学校文法どおりに理解する場合に、「C ＝補語」にどんな語を充当できるかを知っておくことは極めて重要です。独自の「２文型」を主張していながら矛盾するようですが、この知識も「補語」をきちんと理解するうえでは欠かせない知識なのです。ここでは「５文型」をきちんと認めたうえで、SVC の C を正確に使い分けてゆくために、どんな語を思い浮かべることができるのかを理解しましょう。話すときに大いに役立ちます。

> **５文型 SVC で使われるおもな動詞：**
> be 動詞、appear, become, come, fall, feel, get, grow, keep, lie, look, prove, remain, seem, sound, turn

例文中の太字部分が補語

SVC の例文	補語	訳
He became **a pilot**.	名詞	パイロットになった
She became **rich**.	形容詞	金持ちになった
She came **singing**.	現在分詞	歌いながらやって来た
I kept **waiting** for him.	現在分詞	待ち続けていた
I got **married**.	過去分詞	結婚した
He stood **scolded**.	過去分詞	叱られて立っていた

We are **in Japan**.	前置詞ユニット	日本にいる
She fell **down** the stairs.	副詞	転げ落ちた
He is **out**.	副詞	外出中
You may come **in**.	前置詞	入っていいよ
Many stores remain **open**.	原形不定詞	まだ開いていた
Nothing remained **to be** told.	to 不定詞	何も言うことはない

　補語にはこれだけの広がりがあります。最初にこれを説明したら、頭のなかの「補語」の概念を形成できなかったでしょう。しかし、この段階では理解できるはずです。英語のなかで「補語」はロジックの通じない闇の部分です。だからこれだけの広がりがあります。しかし、ロジックで制御できないとはいえ、そこは人間の思考の一部ですから、現実に則すしかありません。総じていえば動詞を飾る副詞修飾の様々な表現と考えればいいでしょう。

　人間の言葉が複雑化する部分というのは、しょせんは、日本語の連体修飾にあたる部分か、連用修飾語にあたる部分に収斂します。連体修飾とは名詞を飾る修飾表現であり、連用修飾とは動詞を飾る修飾表現です。人間をとりまく様々な状況は、しょせんは連体修飾か連用修飾にカバーされます。補語とは、その連用修飾の様々な表現だと理解すれば間違いありません。

　SVC の「C ＝補語」は名詞か形容詞だと最初に断定的に定義しましたが、実は、現在分詞も過去分詞も、to 不定詞も形容詞として働く語です。原形不定詞だって名詞です。ですから、「補語は名詞か形容詞だ」という原則からは、一歩も外れていません。つまり、表のなかの各語がここに含まれていてもなんの不思議もないのです。そもそも副詞も be 動詞の後ろに置けるのですから、「前置詞ユニット」が be 動詞の後ろに置かれていたってなんの不都合もありません。「前置詞ユニット」の本質は格をもった名詞なんですから。その格を前置詞に代弁させているにすぎないのです。現実の英語がどういう言い方を許しているかがすべてです。**文法は後追いの解釈にすぎません。**現実の言い方を

受け入れてしまうべきです。そのあと、**仮に文法解釈をしなくても、話せればそれでいいのです。人間にとっての母語はすべてそのようにして修得されます。**我々日本人も、**英語を母語感覚で習得できるようになりましょう！**　それには、「話す英語」として英語を取りこむしかないのです。

5文型SVOCの補語

　同じようにして、5文型のSVOCにおける「C＝補語」に、どれだけ様々な語が使えるかを覚えておきましょう。この知識も非常に大切です。

> **5文型SVOCで使われるおもな動詞：**
> call、name, elect, think, find, believe, make, leave, appoint, drive, consider

＊例文中の太字部分が補語

We elect him **chairman**.	名詞	彼を議長に選ぶ
I will make him **happy**.	形容詞	彼を幸せにする
I saw her **coming**.	現在分詞	彼女がやってくるのを見た
I left water **running**.	現在分詞	水を出しっぱなしにした
He found the village **destroyed**.	過去分詞	村が破壊されているのを発見した
We look on him **as our leader**.	前置詞ユニット	彼をリーダーと見なしている
I'll make him **go**.	原形不定詞	彼を行かせる
I heard someone **shout**.	原形不定詞	誰かが叫ぶのを聞いた
I want you **to do** this.	to不定詞	君にこれをしてほしい
Don't leave me **alone**.	副詞	私を一人にしないで

| I saw him **surrounded** by dogs. | 過去分詞 | 彼が犬に囲まれているのを見た |
| I heard the door **opened**. | 過去分詞 | 戸が開いたと聞いた |

　これらが SVOC における補語の広がりです。すべての場合で「〜をどうする」というふうに、目的語と連用修飾語つまり副詞的修飾表現が一体になっています。この目的格補語においては文中の目的語と補語が主従関係にあって切れない関係になっています。そこが、主格補語との違いです。

　とくに、使役表現は会話では必須ですので、その補語に名詞、形容詞が頻繁に使われることは絶対に覚えておいてください。

I made her **a contestant**.　　C ＝名詞、彼女を出場者にした
I made my room **clean**.　　　C ＝形容詞、部屋をきれいにした

　会話の中で使役表現が使えるようになると、楽しくて仕方がなくなります。そのときに、上記の知識が非常に役立ちます。この他に、原形不定詞だって使えるんですよ。動詞の感覚で使えばいいのです。I made him **go** yesterday, instead of me! なんて自由自在に使えるようになります。

　その他に、上記の表中のすべての太字部分が「C ＝補語」なのだという自覚が会話を助けます。英語における文型論のなかでは、ここが一番の闇のような気がします。またそれゆえにこそ、曖昧なこの表現領域で英語が人間の広範な思考の襞をも表現できる高度な言語として存続できているようにも思います。

Point 話す瞬間の文法意識

5文型を全面否定せずに終われたことに安堵しています。いくら批判をしたとはいえ、5文型のおかげで英文のほぼ全体像を見渡すことができるのも事実なのですから。「読む英語」を否定するわけではありません。日本国民の知的基盤を支えている主要な力の一部は間違いなく「読む英語」の力です。

ただ、本書、本シリーズは、「話す英語」を標榜してきましたから、5文型はいやおうなく悪者にされてしまいましたが、その汚名の一部を最後に復権させてあげられたことは嬉しく思っています。

使える表現を使おう

考えてみますと、自分が使っている日本語の表現は限られています。あらゆる表現を使わなければならない人間などいないでしょう。誰もが、広範な表現の一部を駆使しながら生きています。それが母語であろうと外国語であろうと同じだと思います。ですから、あらゆる表現を覚えて、その覚えた表現のすべてをいつでも使えるようになろうという目標は、もつ必要がないといえます。仮に持ったとしても、それを実行できる人間などいません。まして外国語ならなおさらです。

ですから英語では、とりわけ「話す英語」では、自分が話そうとしている世界や領域を明確に自覚してほしいと思います。そして自分が希望する世界や領域をしっかり英語で話せるようにしてください。そういう目標を具体的に設定すると、覚えるべきことや修得すべきことがはっきりわかってきます。そういう自覚が客観視されたときがチャンスです。それに合う言葉や表現や話し方を

集中的に覚えこんでしまうのです。そして自分の能力の一部にしてしまいます。そういう取り組み方が一番賢くて効率的だと思います。自分に関係のないことを覚えても意味がありません。使わないことを覚えても意味がありません。網羅的な知識はもつ必要もないし、それをめざしてはいけません。

　日本人が英語を話せないという原因の一部は、そういうこととつながっているように思います。話そうと思っても、自分の生活が話す現実や話すための世界とつながっていないから、そういう実践的な戦略を思い浮かべられず、その結果、網羅的な知識の獲得に向かってしまうのだと思います。それは非生産的な発想ですし、非生産的な行動計画です。頭を賢く使う戦略を立てるべきだと思います。

　まず自分の生活や人生の目的、あるいは自分の使命感を定め、それを世界に結びつけるのです。そういう基本的な戦略がまず先だと思います。

　それと、口下手な人の英語は上手になりません。言語能力の劣っている人や言葉の表現力の貧しい人の英語も上手になりません。そこは自分で自分を値ぶみしてください。誰のせいでもないのですから仕方のないことです。でも、内面に表現したい何かをもっている人は、今、口下手でも、十分英語がしゃべれるようになります。それはその人の努力次第です。自分の情熱にまさる力などないのですから、それは当然なのです。

　このことから言えるのは、心や頭のなかに情熱のようなものとして、表現したいことや伝えたいことをもっている人は、誰でも英語が上手に話せるようになるということです。今英語が話せるとか、話せないとか、それはどうでもいいことです。今、話そうと思い立てばいいのですから。今話せない現実はなんのマイナス条件でもありません。まず、自分を、英語で何かを話す人間にすべく、自分を奮いたたせてください。そのような衝動が最初にして最大の条件です。

今の世界を見てください。世界は狂いに狂っています。ほとんどの人間が自己をあざむき、自己をだまし、自分の良心に背を向けて生きています。そういう人は英語を話す意味がありません。仮に話せてもなんの力にもなりません。そういう狂った世界に怒りを覚え、義憤をたぎらせるくらいの人でなければ、外国語を話す持続的な意志やエネルギーをもつことなどできないでしょう。世界は狂っていますし、歴史も一つの終焉に向かっていますが、それは、狂っていればいるほど真っ当な世界が近づいてきている証拠ですし、終焉が近ければ近いほど、新しい始まりが近づいてきている証拠です。ボクはそう考えています。

そういう時代に、日本という恵まれた国に生を受けたことにまず感謝しましょう。そのうえで、自分の内面を精査し、自分の好奇心や能力を客観視し、英語を話す世界に自分を結びつけてください。自分がどれほどのことができる人間かは、自分しか知らないのですから、大いに自己にうぬぼれてください。そういう感覚のある人ならば、「話す英語」はもう、その人の手中にあります。

話す英語は生きている

最後に、英語を学ぶ姿勢における、日本人の錯覚について触れてみたいと思います。「書かれた英語を読む」のは死んだ蛙を解剖するのと同じです。どこにどんな筋肉があって、どんな神経が走っているかを知っていても、死んだ蛙は生き返りません。

蛙は生き物ですから、愛情をそそげるのは生きた蛙だけです。死んだ蛙には心を注ごうがありません。日本人が英語にそそいでいる情熱は、解剖図鑑に書かれていることの丸暗記に注いでいる熱情のような気がしてなりません。「英語は話せてナンボ」です。「読める力」より、「話せる力」のほうが上なのです。日本人はみなそこを錯覚しています。いえ、錯覚させられています。騙されてはいけません。国はいつも国民を騙します。なぜなら、国を動かし国を握っているのは特定の個人だからです。人間はどこまでも個の欲望に強いられ

て動く生きものです。ですから、国家を信じすぎるのは危険です。国が「読む英語」に国民をはしらせているのは、英語を読ませるだけにしておけば国民がもの言わぬ歯車になることを知っているからです。しかし、英語を話せるようになった人間は黙っていることをしなくなります。もの言う国民に変わります。

　ですから、ぜひ、英語に向かう姿勢を変えてください。

　書かれた英語は分析の対象ですが、そうした時点で英語は使うための道具ではなくなります。文法書の延長線上に「話す英語」はないのです。英語を捉える意識や思考はどんどん細分化されてゆき、話す現場で要請される方向とは逆向きに自分を追いこんでゆきます。細分化された知識の集積では話す力は醸成されません。

　方向を逆向きにとってください。英文法を、話すという目的に向けてどんどん単純化しながら理解してゆくのです。単純に、単純にと、英語を理解してゆくのです。覚えることをまとめ、少なくするように理解してゆくと、その理解が話す力になってゆきます。頭だけでそれをやってもダメです。実際に話す体験を取りこみながら、何度も知識と体験を確かめあう過程がなければ、話す力はついてゆきません。ぜひ、果敢に、そういう体験の世界に踏みこんでください。

　自分が高校生の頃を思い出すと、英語を話す環境はまわりにまったくありませんでした。ボクより前の世代だったらなおさらだったと思いますが、それでも畏怖を覚えるような英語の先達は日本にいくらでもいます。彼らがどれだけ工夫し、どれだけ独自の努力をしたか、ボクには容易に想像がつきます。そういう現実をふまえるなら、インターネットが当たり前になり、会話のためのオンラインサイトが簡単に手に入る今の時代は、「話す英語」のための環境はすぐ身近にあります。どんどん活用してください。そしてどんどん違う媒体を試し、確かめ、自分に合った「話す英語」の環境を見つけてください。

　そうすれば、網羅的に、分析的に英語を知ろうとする錯覚は消えます。そうではなく、英語を、可能なかぎり単純化しながら身体感覚として取りこんでゆけば、すぐに英語が何なのかがわかってくるでしょう。英語は言葉ですから、頭や心のなかに音の響きがなければ口から出てこないのです。このあまりに単純な原理と現実を、日本人はまだわかっていません。話したいことが心に浮かんだだけで無意識に口から言葉が出てくるようでなければ、それは言葉ではないのです。**英語は話すための言葉です。**

　英語は記憶するための知識ではありません。

　この現実を、自分の体感として理解してください。それがふと、感覚でわかったそのとき、あなたはもう、岸辺に打ちよせる波に何度も押し戻される小舟ではなく、漕げば漕ぐほど、沖へ沖へと進んでゆける小舟になっているはずです。その小舟がノアの箱舟にならないとも限らないのですから。英語は話せてナンボ！　頑張りましょう！

引 用 箇 所

1．「5文型の源流を辿る─ C.T. Onions, An Advanced English Syntax（1904）を
越えて」 宮脇正孝　専修人文論集　巻90　2012年3月刊、p-437〜465
● *An Advanced English Syntax*（1904）の正式な書名は、An Advanced English
Syntax: Based on the Principles and Requirements of the Grammatical Society
（文法協会の方針と要請に基づいた英語統語論上級篇）
● *Cooper and Sonnenschein*（1889）の正式な書名は、An English Grammar for
SchoolsI: Analysis and Syntax（学校英文法─分析と統語論）
● *A New English Grammar*（1916）の正式な書名は、A New English Grammar
Based on the Recommendations for the Joint Committee on Grammatical
Terminology. Part I-III. Oxford
2．「日本における Complement「補語」成立の一考察」 伊藤裕道　日本英語教育史
研究　第11号　p-76
3．「日本における Complement の源流について─初出文献の研究」 川嶋正士　日本
情報ディレクトリ学会誌 19, p-6
4．同上　p-7
5．同上　p-11〜12
6．『英語の文型－文型がわかれば、英語がわかる』 安藤貞夫　開拓社　p-10〜14
7．『英語の文型－文型がわかれば、英語がわかる』 安藤貞夫　開拓社　を参照のこと。
この書は8文型の立場をとっており、7文型、5文型との違いを詳細に論じている。
8．同上　p-116〜126

参 考 文 献 ・ 資 料

『言語の起源』ダニエル・L・エヴェレット　松浦俊輔訳　白揚社
『英文法汎論』細江逸記　篠崎書林
『英語の文型─文型がわかれば、英語がわかる』 安藤貞夫　開拓社
『現代英文法講義』安藤貞夫　開拓社
『心を生んだの脳の38億年』藤田哲也　岩波書店

『新装版　基礎と完成　新英文法』　安藤貞夫　開拓社

『英語教師の文法研究』　安藤貞夫　大修館書店

『日本の「英文法」ができるまで』　斎藤浩一　研究社

『英語の歴史』　渡部昇一　大修館書店

「日本における Complement「補語」成立の一考察」　伊藤裕道　日本英語教育史研究
　　第 11 号

「5 文型の源流を辿る― C.T. Onions, An Advanced English Syntax（1904）を越え
　　て」　宮脇正孝　専修人文論集　巻 90、2012

「日本における Complement の源流について―初出文献の研究」　川嶋正士　日本情報
　　ディレクトリ学会誌 19、2021

「5 文型の史的研究―統語分析が誕生してから文の公式が提唱されるまで」　川嶋正士
　　専修大学大学院博士論文

「文型論と英語教育」　西嶌俊彦　四国大学紀要　（A）46、2016

「実践的な文型指導について副詞（句）と前置詞句をどう扱うか」　松野達　日本大学歯
　　学部紀要 45、13-18、2017

「言語理論と英語教育（5）―非対格性の仮説から発想の違いへ」　田中彰一　佐賀大学
　　文化教育学部研究論文集　巻 4　1 号、1999

「日本の学習文法で使われる 5 文型について（上)」　渡辺勉　拓殖大学論文集　巻 39、
　　2018

「日本の学習文法で使われる 5 文型について（下)」　渡辺勉　拓殖大学論文集　巻 39、
　　2018

あ と が き

　本書の第４章を書き終えて、この「あとがき」を書きだすまでの数日間は、ちょっとわくわくした空白期間でもありました。何を書こうかという期待感ゆえです。時期は完全に年末でした。つまり、今は、2023年の12月、クリスマス前の年の瀬なのです。今年の１月末から書きはじめて、１年のうちに５冊を書き終えるという当初の予定が完全に実現した内心の喜びゆえでもありました。しかも、そのうちの４冊はすでに日本中にお披露目されているのですから、なんとありがたいことでしょう。最後の第５巻も年が明けて３月には店頭やネットで全国に紹介されます。

　さあ、そういう最後を飾る第５巻の「あとがき」なのです。全体をどう締めくくるかと、第４章を書きまとめながらもそう考えていたわけです。最初から、第４章を書き終わったら、「あとがき」を書き出すまでは、数日間の空白を置こうと決めていました。熟考するためです。そんなときです。その数日の空白期間に、まるでそこを狙って計算してきたかのように、いきなり、とんでもない出会いが飛び込んできたのです！　そして、この「あとがき」で書くべきことが決まりました。

　まちがいなく、Synchronicity でした。

　SHOGEN さんのタンザニア体験記、『今日、誰のために生きる？』（2023年10月18日、廣済堂出版刊）を、身近な友人にすすめられ読んだのです。そして、びっくりしました。今という時代に対するボクの認識は、決してボク一人の誇大妄想ではなかったのです。そのことに確証がもてました。SHOGENさんも、タンザニアのブンジュ村の人々も、縄文からの無尽の魂も、共著者のひすいこたろうさんも、その仲間たちも、そして即座に上記の本に共鳴した日本中の人々も、みんな感じていたのです。

日本人は、今こそ、立ちあがらなければなりません。その方法はいろいろあ
ると思いますが、一点だけふまえておけば問題はないでしょう。ブンジュ村の
３歳の幼女ザイちゃんが、日本人のSHOGENさんに「言葉はね、相手をハグ
するように言うのよ」、「人と話す時は、その人を抱きしめるようにして話すん
だよ」と、教えたのです。この言葉に衝撃を受ける心さえあるならば、どんな
立ちあがり方でもいいと思います。目に見えない日本人の心の連帯が世界を救
うことは間違いありません。

　人によって違う、様々な立ちあがり方のほうが尊いと思います。そして力も
強いと思います。

　先ほどのシンクロニシティーですが、「共時性」と訳されます。ウィキペディ
ィアで解説されていましたので、それをそのまま紹介します。「複数の出来事
が意味的関連を呈しながら非因果的に同時に起きること」とありました。的確
な説明だと思います。ところで、この場合、ものごとの発生を非因果的と理解
するのは、その因果律を物の次元、つまり物質次元に限定しているからそう感
じるのです。しかし、知っている人はみんな知っています。心と物はつながっ
ていると。当たり前じゃないですか。精神と物質はつながっているに決まって
います。そんなこと、縄文時代から日本民族はみんな知っています。

　西洋文明はたかだか１万年。日本文明は２万年から２万5000年です。時間
と精神の蓄積が違うんです。これも、知っている人はみんな知っています。そ
れを知っている人は、はっきりいって、今、マイナーな存在ですし、マイナー
な集団です。でも、まもなくひっくり返ります。マイナーがメジャーになるん
です。物の世界でしか因果律を理解できない人々は、マイナーな世界に閉じこ
められてゆくでしょう。西洋文明も凝集して石炭みたいに重く、堅く、広がり
のない世界になってゆくでしょう。金の亡者もその石炭のなかに閉じ込められ
てゆくでしょう。人々を苦しめ続けているあらゆる思考と行動の錯覚も、その
石炭のなかに閉塞されてゆくでしょう。そこから光は出ないでしょう。だって、
アセンションが間近なんだから、当たり前です。分離が極限化しなければアセ

ンションは起こりません。だから今の世は荒れ狂っているのです。

　アセンションを導く原理、人を飛躍させる原理と力は愛しかありません。タンザニアの3歳の幼女、ザイちゃんだって知っていたんですから、それを疑うことは不可能です。疑いたい人は疑えばいいのです。それだけのこと。そういうレベルで、今、人の心の次元ではシンクロニシティーがどんどん進行しています。

　世界はいま、「訳知り顔」の、自分を頭のいい人間と信じる者らによって牛耳られていますが、いま勝者のように見えるすべての者が、すでに敗者です。彼らは世界の終演に向けて緞帳を下ろしている黒子にすぎません。黒子が自分を役者と錯覚しているようですが、滑稽にもほどがあります。愛のない者、愛の意味を知らない者、愛で自己の思考と行動を律せられない者、自分以外の存在が見えない者、命の意味がわからない者、生命丸ごと、自然丸ごと、宇宙丸ごとを愛の意志として実感できない者はみな幕が下りるとき石炭に凝集してゆく者たちです。

　西洋文明はあまりに罪な文明でした。ささやかな牧畜ならよかったのですが、牛や羊を殺しすぎ、その屠殺の感触に酔い、人間まで屠殺の対象と錯覚してしまったのです。西洋人の「罪」の教義や観念はその内面の反動です。でも、宗教はどれも否定しなくて大丈夫。宗教を超えるものを前面に出せばいいだけです。人間はしょせん人間ですから、それを見て、それを知れば、必ずそれがなんなのかわかります。ザイちゃんの言葉に衝撃を受ける人なら、すぐにそれを解します。それがわからない者は、もう人ではないのですから、それは顧慮に値しない存在です。忘れましょう。

　タンザニアのブンジュ村の知恵が、日本から伝わった知恵だというのです。
　衝撃だと思いませんか？
　SHOGEN さんが、その生き証人です。

もうこの事実は動きようもありません。この現実には、宇宙レベルの意志が働いています。そして、日本人一人ひとりに使命が仮託されています。ボクは、西洋文明を否定しません。しかし、その使命はすでに終わりました。新しい使命をもって生きる人間たちが前面に躍りでなければ、宇宙の愛に叱られます。もうそこまで来ています。怠惰は弁解の理由になりません。

　日本語には秘密が隠されているようです。その秘密は、真剣に解明されなければなりません。しかし、日本人すべてが日本語を話せるのですから、その宝はすでに日本人の血と思考のなかに宿っています。ですから、その宝の意味を世界中の人々にわかりやすい言葉で伝える使命が、日本民族に託されているのです。世界には、アジアにも、アフリカにも、中南米にも、そして西洋の国々のなかにも、それを受けとめる準備のできた人々が無数にいます。だからこそ、人類の人口は80億に達したのです。ブンジュ村の村長さんは「世界の80人に一人は日本人なんだ。だから、地球にはまだまだ可能性がある」と言いました。確かに、日本の人口は１億人以上です。なんか、勇気が湧いてきませんか？
この地球には、愛しあえる人類がどれほどいるでしょう？　　愛を分かちあえる準備の整った、かげりのない心をもった人類が、どれほどいることでしょう？
その人々が互いに結びつき、連携し、石炭のような連中からこの地球を取り戻すために戦うなら、いくらでも勇気が湧いてきませんか？

　日本人の使命は、日本語のなかに秘められているようですが、その秘密や宝を世界中に伝える言葉は、日本語ではなく、英語なんですよ！　世界中の善の魂を日本語の世界に導く言葉は、日本語ではなく、英語なんですよ！　日本人が日本語を話しているだけでは、日本語の秘密も、日本の宝も、世界には伝わりません。逆説のようですが、これは逆説ではありません。不可避のロジックです。

　日本人が、日本人の使命を、世界に伝える言葉は、「話す英語」なのです。
　日本人が、世界を救い、地球を救い、人類を本気で救おうと思うなら、あなたが英語をしゃべれなきゃ、使命は全^{まっと}うできません。日本人は「日／英」バイ

PAGE ／ 189

リンガルになる使命を託されているのです。

　SHOGEN さん、ありがとう！

　あなたのインスピレーションと、あなたの本物の衝動が、無数の日本人の確信へのスイッチをひねりました！　そして、ボクの確信も一層強まりました。

　きっと、無数のシンクロニシティーの輪が広がっていくでしょう。Synchronicity の syn は「統合」、chron は「時」です。つまり、今を共に生き、魂を共鳴させられる資質をもったすべての人間が、目に見えない次元で「今」においてつながり、そして目に見えないレベルで因果関係として連動しあうとき、それこそが Synchronicity です。

　目に見えるものしか見えない人々は、紛れこんでこられないから、好都合です。

　なんて素晴らしい「あとがき」になったんだろう！

― 了 ―

IAメソッド英語速習法とは

- このメソッドは、**日本人のための「話す英語」**のメソッドです。
- このメソッドは**海外で考案され**、その効果は、すでに海外で**実証済み**です。
- 考案したのは日本人。巻末の著者紹介を読んでください。
- このメソッドは、**100パーセント・オリジナル**の独創的メソッドです。
- このメソッドは**モード・チェンジ（Mode Change）**を通し、超短期で英語を話させます。
- モード・チェンジとは「**言語モード**」の切り換えのことです。
- 具体的には「**日本語モード ➡ 英語モード**」への切り換えです。

この変換のためのステップは2段階に分かれます。
それは、I. **心理モード（Psychology Mode）**の変換
II. **文法モード（Grammar Mode）**の変換
文法モードは以下の3種。
①**逆転モード（Reverse Mode）**
②**拡大モード（Expansion Mode）**
③**叙述モード（Description Mode）**

　普通の日本人が一人で海外へ飛び出し、必死に英語の武者修行に励んだとして、このメソッドに匹敵(ひってき)する知識やスキルを獲得するには最低で15年はかかります。つまり、このメソッドで「話す英語」を学ぶことは、15年分の時間とエネルギーとコストの節約になります。

　ですから、既存の英語学習法とは根底から違います。独自の文法用語や文法概念がどんどん飛び出します。既存の英語教育への遠慮はありません。それは、今ある英語教育の変化を願っているからです。これは時代と民族の要請にこたえたものです。以下に、5冊全体の構成を紹介しておきます。これで日本民族は22世紀も生存可能になります。

第1巻：『英語は肉、日本語は米』　　　副題：心理モードを変えよう！
第2巻：『ひっくり返せば、英語は話せる』　副題：逆転モードを知ろう！
第3巻：『英語は、前置詞で話すもの』　　副題：前置詞ユニットを使おう！
第4巻：『即興で話せる、ネイティブの英語』　副題：拡大モードで話そう！
第5巻：『This is a pen は、魔法だった』　副題：叙述モードで突破しよう！

川村悦郎（かわむら えつろう　ボニー・カワムラ）
北海道出身。熱血が抜けない団塊の世代。
現在：文明批評家、多言語速習国際研究所所長。
経歴：20年間フィリピン滞在、サント・トマス大学（UST）大学院准教授、KS メソッド普及財団理事長。
学歴：UST 大学院博士課程中退、東洋大学大学院修士課程仏教学修了、同大学文学部哲学科卒業。
業績：[日＆英] 会話速習メソッド考案。
著書：『神軍の虐殺』（徳間書店）。訳書：『タントラ・ヨーガ瞑想法』『クンダリニーとは何か』（めるくまーる社）。
神奈川県在住。

【IA メソッド英語速習法 公式 HP】

＼5巻を読んでくださった皆さんにお礼の気持ちを込めてプレゼントいたします／
IA メソッド特典動画

常識を覆す IAメソッド英語速習法

英語を話す人になる！⑤ This is a penは、魔法だった

叙述モードで突破しよう！

第一刷　2024年3月31日

著　者　川村悦郎

発行人　石井健資

発行所　株式会社ヒカルランド
　　　　〒162-0821　東京都新宿区津久戸町3-11　TH1ビル6F
　　　　電話 03-6265-0852　　ファックス 03-6265-0853
　　　　http://www.hikaruland.co.jp　　info@hikaruland.co.jp
　　　　振替 00180-8-496587

本文・カバー・製本 ── 中央精版印刷株式会社
DTP ── 株式会社キャップス
編集担当 ── 遠藤美保・小澤祥子

デ・ベネシア、フィリピン下院議会元議長を訪問（左側著者）

著者が教鞭をとっていたサント・トマス大学（1611年設立）

理工系の頂点、マプア工科大学での講演（右端著者）

プールのあるクラブハウスで英会話セミナー開催（中央著者）

合宿を終えマニラへ戻る直前のショット。笑顔がすべてを語る

● マニラ首都圏で約10日の集中特訓セミナー。そのあとは、マニラから船で7時間の島へ行き、その島でさらに10日間のフィールドリサーチ。黙っていても英語脳ができあがる。

● たった3週間の英会話ブートキャンプ。日本の大学生達は「話す英語」「話せる英語」という垂涎の武器を手に入れた。そして悠々と大海原へ船出してゆきました。今どうしているか、きっと彼らは本書に気づき、また集まってくるでしょう。

IA 英語メソッドのミッション：①日本民族を「日／英」バイリンガル民族に変えます。②日本人を覇気のある国民に変え、世界平和を英語で語れる国民に変えます。③そのために、日本における「話す英語」教育の先頭に立ちます。④「英語を話せる日本人」を多数育てます。⑤それを指導できる英語教師を多数輩出します。⑥そのための教育コンテンツをどんどん開発します。

IA 英語メソッドの戦術：①各種講演会、短期セミナー、合宿セミナー、海外セミナーを実施します。②英語の先生たちと「新英語研究会（仮称）」を発足させ、日本の英語教育の土壌を変えます。③世界中に IA method のネットワークを広げます。勝ち馬に乗ることを英語では「バンドワゴンに跳び乗る」と言いますが、IA method は、これからの時代の Bandwagon です。

❖ IA 日本語メソッド（旧称：KS Method）の価値と今後 ❖

- IA method は【日本語⇆英語】双方向の語学速習 method です。
- IA 英語メソッドの普及につとめながら、**「IA 日本語メソッド」**の普及にも着手してゆきます。
- IA 日本語メソッドで日本語を学ぶのは、世界中の英語を話せる外国人です。
- IA 日本語メソッドは**英語で日本語を教えます**。ですから、**日本語教師は英語が話せることが絶対条件**です。
- IA 英語メソッドで「話す英語」を身につけると、高学歴者は、**IA メソッド日本語教師**への道も開きます。
- IA 日本語メソッドは、在来の日本語教育法の**10倍のスピード**で日本語を習得させます。
- このパフォーマンスは、IA メソッド日本語教師が、**世界中の大学や教育機関ではたらく道**を拓きます。
- IA method は、語学教育の**革命**です。その効果はすでに海外で実証済み。
- KS メソッド普及財団の在フィリピン時代、このメソッドを一番評価してくれたのが日本の**経済産業省**でした。

IA メソッドで学ぶなら、日本語はたぶん、世界で一番やさしい言葉です

英語を話せる外国人なら、あっという間に、日本語を話せるようになります。
外国人は、日本語を話すと、メンタリティーが変わります。
優しく、穏やかになり、協調的で、攻撃性を消してゆきます。
その日本語を教えるイニシアティブを、日本人が握らないで、誰が握るのですか？
日本語は、人類平和の、おそらく究極のカギです。
そのカギをつかう原理は、IA メソッドのなかに、もっともシンプルな形で結晶しています。
世界の平和を先導するのは、［日／英］双方向語学教授法を身につけた日本人です。

つまり、あなたが、IA メソッドで世界平和の扉を開きます

［日／英］IA メソッドをプロモーションするのは？

株式会社ファーストエレメント

ファーストエレメント社は「健康」「農業」「教育」の３つの分野で、日本や世界が直面する課題を解決し、地球を平和で安全な22世紀に導くコンサルティング企業です。ファーストエレメント社は、以下の３つの研究機関から構成されている高度な頭脳組織です。

1．高濃度水素酸素研究所
22世紀の地球文明を牽引する HHO Gas の日本唯一の研究所。HHO ガスは世間で騒がれている水素ガスとは次元の違うものです。応用分野は多岐にわたりますが、最も顕著な効果を示すのが人間の健康促進です。

2．最先端農法研究所
迫りくる食糧危機を克服する研究所。汚染のない安全な農産物をつくるための種々のプラントを開発しています。短期有機肥料プラント、良質の培土設計、循環型農業技術、HHO Gas ナノバブル水併用農法等。

3．多言語速習国際研究所
IA メソッドを開発する研究所。ここで開発された語学メソッドを組織的に国内・国外に発信するのはファーストエレメント社の任務です。種々のセミナーも同社が企画し実施します。セミナー、講演会、研究会など各種の活動内容はファーストエレメント社ホームページで確認できます。https://www.firstelement.online/　または右の QR コードからも可。

神楽坂 ♥(ハート) 散歩
ヒカルランドパーク

【おうちで楽しめる！動画配信のご案内】
『英語を話す人になる！』出版記念セミナー

講師：川村悦郎（文明批評家、多言語速習国際研究所所長）

本書著者の川村悦郎さんを講師にお迎えしてのスペシャルセミナーが動画で受講できます！　意識レベル、心理レベルからの変容を導く驚きのメソッドで、あなたの英語脳を覚醒させましょう！本では書ききれなかった英語上達の秘訣もお伝えしています。ここだけでしか視聴できない白熱の講義！　ぜひお楽しみください。

目からウロコの
英語上達法を
直接伝授します！

第1回　今だからこそ「話す英語」！　なぜ？
第2回　日本人の、日本人による、話すための英文法！
料金：各回 3,600円（税込）

第1回　第2回

詳細・ご購入はこちら▶

お問い合わせ：ヒカルランドパーク
TEL：03−5225−2671（平日11時−17時）
URL：https://hikarulandpark.jp/

みらくる出帆社
ヒカルランドの

ITTERU BOOKS

イッテル本屋

ヒカルランドの本がズラリと勢揃い！

　みらくる出帆社ヒカルランドの本屋、その名も【イッテル本屋】。手に取ってみてみたかった、あの本、この本。ヒカルランド以外の本はありませんが、ヒカルランドの本ならほぼ揃っています。本を読んで、ゆっくりお過ごしいただけるように、椅子のご用意もございます。ぜひ、ヒカルランドの本をじっくりとお楽しみください。

ネットや「ハピハピ Hi-Ringo」で気になったあの商品…お手に取って、そのエネルギーや感覚を味わってみてください。気になった本は、野草茶を飲みながらゆっくり読んでみてくださいね。

・・

〒162-0821 東京都新宿区津久戸町3-11 飯田橋 TH1ビル7F　イッテル本屋

みらくる出帆社ヒカルランドが
心を込めて贈るコーヒーのお店

ITTERU COFFEE
イッテル珈琲

絶賛焙煎中！

コーヒーウェーブの究極の GOAL
神楽坂とっておきのイベントコーヒーのお店
世界最高峰の優良生豆が勢ぞろい

今あなたがこの場で豆を選び
自分で焙煎して自分で挽いて自分で淹れる

もうこれ以上はない最高の旨さと楽しさ！

あなたは今ここから
最高の珈琲 ENJOY マイスターになります！

《不定期営業中》
●イッテル珈琲（コーヒーとラドン浴空間）
　http://www.itterucoffee.com/
　ご営業日はホームページの
　《営業カレンダー》よりご確認ください。
　セルフ焙煎のご予約もこちらから。

イッテル珈琲
〒162-0825　東京都新宿区神楽坂 3-6-22　THE ROOM 4 F

必読！ ヒカルランドパークメールマガジン!!

ヒカルランドパークでは無料のメールマガジンで皆さまにワクワク☆
ドキドキの最新情報をお伝えしております！ キャンセル待ち必至の
大人気セミナーの先行告知／メルマガ会員だけの無料セミナーのご案
内／ここだけの書籍・グッズの裏話トークなど、お得な内容たっぷり。
下記のページから簡単にご登録できますので、ぜひご利用ください！

◀ヒカルランドパークメールマガジンの
登録はこちらから

ヒカルランドの新次元の雑誌 「ハピハピ Hi-Ringo」 読者さま募集中！

ヒカルランドパークの超お役立ちアイテムと、
「Hi-Ringo」の量子的オリジナル商品情報が合
体！ まさに"他では見られない"ここだけの
アイテムや健康情報満載の1冊にリニューアル
しました。なんと雑誌自体に「量子加工」を施
す前代未聞のおまけ付き☆ 持っているだけで
心身が"ととのう"声が寄せられています。巻
末には、ヒカルランドの最新書籍がわかる「ブ
ックカタログ」も付いて、とっても充実した内
容に進化しました。ご希望の方に無料でお届け
しますので、ヒカルランドパークまでお申し込
みください。

\量子加工済み♪/

Vol.5 発行中！

ヒカルランドパーク
メールマガジン＆ハピハピ Hi-Ringo お問い合わせ先
● お電話：03 - 6265 - 0852
● FAX：03 - 6265 - 0853
● e-mail：info@hikarulandpark.jp
・メルマガご希望の方：お名前・メールアドレスをお知らせください。
・ハピハピ Hi-Ringo ご希望の方：お名前・ご住所・お電話番号をお知らせください。